ガンディーの遺言

村単位の自給自足を目指して

M・K・ガンディー

【翻訳編集】
片山佳代子

翻訳者前書き

ガンディーはインド独立の父として知られていますが、彼が目指した独立は、支配者を追い出すだけの独立ではありませんでした。彼は虐げられてきた人々が幸せになれる社会を目指しました。その思想を伝えるために、『ガンジー・自立の思想』（地湧社）を一九九九年に出版し、「機械に頼ってはならない、工業化が諸悪の根源である」と主張する彼の言葉を紹介させていただきました。

今回は、さらにその思想を深く知っていくために、主として、晩年の一九四〇年代に執筆された彼の言葉を、英語版の全集より抜粋してまとめました。

必需品である衣類を自らの手で作るために始めた糸紡ぎの取り組みでしたが、しだいに売れ残りが出てくるようになり、安い労賃に嫌気がさして他の仕事を求めるなど、独立を達成するや人々が糸を紡がなくなる状況の中で、なぜ、糸紡ぎを続けねばならないのかを書き綴っています。「人任せではいけない、自らの手足を動かして必要な物を得ていくことが、自信につながる」と語られるその言葉は、私たちを励ましてくれます。

ＩＴ革命などによって、人手が不要となり、多くの仕事が消滅している昨今、自分だけの幸せではなく、大多数の幸せでもない、最後の一人も含めたすべての人の幸せを願うなら、私たちはガンディーに聞かねばなりません。誰もが「生まれてきてよかった」と思える社会を作っていくために、私たちはどちらに向かって進めばよいのか、彼の言葉は、その方向を示してくれています。

なお、これまで「ガンジー」と表記してきた彼の名前を、本書では、「ガンディー」としました。「ガンディー」のほうが原語の発音に近いからです。「ディ」という音に馴染みがなかった頃の日本人の耳には「ジ」と聞こえたため、「ガンジー」と表記されたようです。中国人や韓国人の人名が漢字読みから、原語の発音に忠実に読まれるようになった変化を踏まえ、今後は原語の発音に近い「ガンディー」を用いたいと思います。

最後になりましたが、香川大学の石井一也先生をはじめ、多くの方々の助言と励ましに支えられて、本書を出版することができました。心から感謝申し上げます。

二〇一七年一月　片山佳代子

本書に出てくるインドの言葉（あいうえお順）

アヒンサー　非暴力・不殺生
カディー　手紡ぎ、手織りでできた綿布。手紡ぎ・手織りの活動を指してこの言葉を使用している場合もある。
サティヤーグラハ　真理を堅持した闘い。ガンディーは自らの非暴力の運動をこう呼んだ。暴力を振るわないだけの弱腰なものではなく、真理をこの手につかむ闘いであるとした。
スワラージ　独立・自治
セーヴァーグラム　奉仕の村。ガンディーは晩年、インド中央部の僻村に居を構え、そこを「奉仕の村」と名付け、その村の再建を目指した。
チャルカ　糸車（手作業で綿から糸を紡ぐ時に用いられる道具）
ハリジャン　神の子。ガンディーは最下層民を「ハリジャン」と呼んだ。ガンディーが毎週発行していた機関誌の名でもある。

目次

第一章　インドの課題

インドの現状

自由はもうそこまで来ています。確実にやってくるでしょう。しかし、政治的な自由だけで満足するわけにはいきません。インドが偉大なことを達成するだろうと期待している世界中の人々も決して満足しないでしょう。私の考える独立とは、「地上で神の国をあなた方のただ中に」実現することです。実現できないとしても、その実現のために労して、死ぬことさえ厭いません。ただひたすら耐えて、忍んでいくしかないのです。

（45年3月24日のスピーチ）

果物、野菜、その他の作物を栽培できる肥沃な土地が豊富にあります。それなのに、その恵みを十分に活用できていません。新鮮で手を加えない状態の食べ物を食べる代わりに、人工的に手を加えて食べています。穀物を育てていますが、それをわざわざ粉にして、ごみ同然にしてから食べています。神は私たちが必要とする物はすべて与えてくださっています。知能も自由に動く二本の手も授けてくださっています。私たちは作物を育て、棉を栽培し、自らの衣類を用意し、牛を飼育して子どもたちにミルクを飲ませることもできるはずですが、空腹を抱え、裸でいます。子どもたちに与える食べ物も不足し、栄養失調に陥っています。これ以上の悲劇があるでしょうか。

チャルカを復活させることができれば、怠惰と無関心を克服することができ、農業を再生させるのにも一役買うことになるでしょう。

（ガンディーは自分が暮らす小屋を文字通り取り囲んで、ただ称賛するだけで何もせず一日を無駄にしている訪問者らを指して）

もうたくさんです。私にとっても、彼らにとってもよいことはありません。本当に私のことを称賛してくださるのであれば、私が願っていることを実行してこその称賛であるはずです。ただ、私のことを見つめて、本人の時間ばかりか、私の時間まで無駄にするのは間違っています。

（『ハリジャン』46年8月18日）

一時間の糸紡ぎがインドを救う

私には、非常に単純な計算にすぎません。もし、すべての人が、一日に一時間糸を紡ぐなら、皆が必要な衣類を手にすることができます。これを達成するのに、皆で従事しても、一日に六時間紡がねばならないとすれば、カディーは消え去ることになるでしょう。人々には、他にもやらねばならない仕事があるからです。食べ物も作らねばなりませんし、知的活動の時間も必要です。さらに、牛馬のように骨折るのが教育となれば、新しい教育も意味を失うでしょう。ところが、糸を紡ぐ一時間というのは、紡ぎ手にとって、自らを高める時間となるのです。

（『ハリジャン』47年11月9日）

（訳注　一時間で約十グラムの糸を紡ぐことが可能。毎日一時間紡げば、百日で約一キログラムの糸になる。糸が一キログラムあれば上下一着分の衣類を作ることが可能。）

私の確信は、日ごとに強まっています。つまり、すべての人が毎日三十分チャルカを回すなら、誰一人として、一インチの布すら買う必要はないのです。それどころか、これが、スワラージを維持できるかどうかの鍵となります。何億もの人間が、三十分糸紡ぎに没頭するなら、その結果は世界中を驚かすことになるでしょう。飢えに瀕した大衆の運命を切り開くのに、カディーに代わる手段はありません。カディーが目覚めれば、他の多くの産業も息を吹き返します。その結果、大工、鍛冶屋、百姓、機織りなどの職人たちが糧を得られるようになります。私はチャルカを太陽にたとえています。チャルカが回転している限り、それは国中を照らす光となります。インドの発展は、ひとえに村の発展にかかっています。七十万の村こそ、インドです。ムンバイ、チェンナイ、コルカタ、ラホール、カラチなどがインドではありません。

（47年4月7日の対話）

チャルカを通して勤勉になり、無気力を克服するなら、それは本当に大きなことです。スワラージの鍵がまさにそこにあります。チャルカを中心に据え、その欠点を取り除こうとするなら、その過程で実に多くのことを学ぶでしょう。もし、インドがチャルカの価値を理解するなら、本当にチャルカを通してスワラージを獲得することができます。

（『ハリジャン』46年3月17日）

インドの歴史を振り返って

インドは、自ら十分な量の衣類を生産していただけでなく、輸出することもできていました。その当時、インドに工場はありませんでした。すべての女性が、チャルカやタクリ（紡錘車　チャルカより簡易な糸紡ぎの道具）という工場の所有者だったと言ってもよいでしょう。現代の工場は、チャルカから発展しました。人は神聖さと悪の両方をあわせ持っています。チャルカの背後にあったのは聖なる力でした。どんな搾取の兆候もありませんでした。外国人が、その秘められた可能性に気づき、蒸気や電気の力を用いて工場を建てました。そして、それらの工場を使って、地上の素朴な民族を搾取し始めたのです。これは、悪魔の力の現れです。

インドには織物工場がとてもたくさんあります。それなのに、裸同然で暮らしています。四億人のインド人のうち、二億人が七十万の村々で一日に一、二時間糸紡ぎに従事するなら、すべての村人の衣類が賄えるだけでなく、都市にも衣類を提供できます。

（『ザ・ヒンドゥー』46年7月13日）

慢性的な貧困状態にあるインドでは、チャルカによって、貧しい人々が糧を得られます。故R・C・ダット氏によれば、東インド会社の繁栄は、インドの織物貿易を土台に築かれたそうです。世界の他のどこでも、中国や日本でさえも、インドの織物に匹敵するような織物を生産できていませんでした。東インド会社は、当初、インドの織物を独占し搾取することで栄えました。その貿易は、莫大な利益をもたらし、英国の海運業を勢いづかせました。その後、一連の機械が発明されると、英国のランカシャーで、織物産業が発展していきました。その結果、インドの織物と競合する事態になり、インドの職人を搾取する政策を通して、インドの手工芸は破壊されていきました。

ある英国人は、綿の歴史から文明の歴史をみることができると書いています。政治が商業の手先であることを、インドの歴史は如実に示しています。綿織物業がインドで全盛を誇っていたころ、私たちは必要な棉はすべて自分たちで栽培していました。棉の種は牛の餌になり、人々に牛乳を提供し、健康に寄与していました。農業も繁栄していました。綿糸は美しい織物となり、ダッカのジャムダニ織り（極薄の綿織物）は有名でした。そこから派生して、マチリーパトナム（インド南部の港湾都市）は、世界に名を馳せるほどの優れた染色技術を誇っていました。鑑定家によれば、私たちの古来の染料は、その定着性、明るさ、美しさにおいて、世界にこれより秀でる物はなかったそうです。しかし、今やすべては失われてしまいました。インドは丸裸にされてしまいました。その裸を覆わねばなりません。それができるチャルカに代わる物があるというのであれば、私はチャルカを手放しましょう。しかし、これまでのところ見つかっていませんし、これからも見つかりそうにありません。

ただ、次のような疑問も生じるかもしれません。「自由を失うことを阻止できなかったチャルカなのに、どうして、これによって自由を得ることができるでしょうか」と。それに対する回答は次の通りです。過去において、チャルカは自由の概念とつながっていませんでした。さらに、非暴力を象徴する物でもありませんでした。昔は、隷属状態を象徴していました。私たちの進歩、繁栄、さらには自由までもが、チャルカに依存していることに私たちは気づいていませんでした。もし、気づいていれば、チャルカを破壊から救い出すためにサティヤーグラハに訴えていたことでしょう。私たちの無知、無関心のために失ってしまったものを、知力を尽くして、今、取り戻さねばなりません。私たちは、自分で考えることをあきらめてしまっています。政府がベンガル州は貧しい州だと言えば、私たちはその主張を機械的に受け入れています。六千五百万もの人口を擁する州を貧しいと言うとすれば、それは私たちの知性が破綻しているからです。

私たちが苦しんでいる病気の真の名前は、貧困ではなく、怠惰、無関心、無気力です。灌漑工学の分野で驚くべきことが達成できるかもしれません。しかし、倉庫に穀物がいっぱいあっても、それだけで私たちの奴隷状態に終止符が打てるわけではありません。奴隷状態を終わらせるには、人々に巣くっている精神及び肉体の怠惰を克服し、知性と創造性が働くようにしなければなりません。私が思いますに、あらゆる意味をよく知った上で、糸紡ぎを広めていくことでしか、インドのようにこれほど広大で、多様性に富む地域でそれを現実のものにすることはできません。

（『ハリジャン』46年3月31日）

棉	植物としての棉
綿	種を取り除いて繊維状になった綿

非暴力の象徴としてのチャルカ

チャルカは、貧しい女性のための物にすぎないと、人々は単純に考えていました。確かにそういう面もありますが、チャルカはまた、非暴力の象徴でもあります。このことが人々にわかれば、チャルカを燃やすことはないはずです。

インド中で、チャルカが回されていた時期がありました。その当時は、チャルカが誇りある地位を占めていました。その頃は、インドにも、世界のどの地域にも工場は存在しませんでした。綿織物は、インドから各国に送られていましたし、ダッカの有名な綿モスリン「シャブナム（露）」は、非常に人気があり、外国の人々から高く評価されていました。人々はその美しさを称賛していました。大変興味をそそられることですが、その歴史のすべてをここで語ろうとは思いません。それでありながら、当時のチャルカは、奴隷労働の象徴でした。なぜなら、女性たちは、政府の命令によって、一定量の糸を差し出すように強制されていたからです。

女性たちは、強制的に糸紡ぎをさせられていたのです。ある一定量の糸を提供しなければばなりませんでした。それに対して、賃金を要求することもできませんでした。政府が、彼女らの労働に対してごく少額の賃金を定めていましたが、その金額すら払われなかったとしても、女性たちはどうすることもできませんでした。当時の風潮として、女性というのは、そのような労働をするために生まれたと考えられていたからです。たとえスズメの涙ほどであったとしても、支払ってもらえたなら、感謝すべきだったのです。女性たちが搾取されてきた悲劇の歴史です。これについては、これ以上触れないでおきましょう。当時は奴隷労働の象徴であったチャルカでしたが、新たに私たちの自由の象徴へと変えられました。これこそが、私が声を大にして訴えてきたことです

非暴力によってのみ得ることができる力を、私たちは、自らの内に培わねばなりません。そのためには、チャルカをもう一度取り戻す必要があります。

今日、われわれは巨大な軍隊を持っています。それなのに、さらに増強しようとしています。軍事費が莫大に増えました。英国が出て行ったというのに、どうしたことでしょうか。本当に長い間、チャルカを用いて闘ってきたというのに、権力をこの手にしたとたんに、それを忘れてしまうのですから、悲劇であり、恥ずべきことです。今日では、軍隊のほうを尊重しています。チャルカを忘れたから、仲間内で争うような事態になっているの

です（訳注　インドの独立をめぐってヒンドゥー教徒とイスラム教徒の対立が激化した）。チャルカは、女性のためにだけあると思ってしまったことが、私たちが犯した過ちです。

重要なことは、何千万もの人々が協力して働くなら、その力に対抗できるような軍事力は存在しないということです。それを証明できないとしても、非暴力に欠陥があるのではありません。私自身の不足の故です。私の修行が足りないからです。しかし、非暴力に力がないなどと言ってはなりません。チャルカを通して、非暴力は完全に発揮されます。大衆がチャルカに取り組まないのであれば、明らかな損失となります。工場での仕事につけるのは、数十万人程度にすぎません。何億もの人々に、どのような仕事を提供できるでしょうか。これこそが、考えねばならないことです。最重要の経済的課題であると同時に、道徳的課題です。

（47年12月13日のスピーチ）

この国でおびただしい数の老若男女が携わることができ、付随する活動も含めて失われた仕事を取り戻すための非暴力の仕事とは、チャルカを回すことしかありません。このように思い巡らすことで、チャルカはいともたやすくまたとない非暴力の象徴となります。スワラージの手段であるからには、政府やその他の保護のもとで繁栄するというのでは、よくありません。たとえ、政府や、紡績・織物工場の利害が絡む資本家からの妨害があったとしても、糸紡ぎが活発に行われねばなりません。チャルカは、村々に住む大多数の人々を代弁しています。それに対して、工場経営者などは特権階級を代弁しています。

「チャルカが、非暴力のやり方で独立を勝ち取る手段であるとしても、もっと有益な仕事についている人や、あまり糸を紡ぎたくない人までどうして紡がねばならないのですか」と問われることがありますが、その理由は、実際面よりも、心理的な観点にあります。村人たちは、都市の人々を真似る習慣がついてしまいました。それが高じて、村に残っての自分たちの境遇を良くしようとする代わりに、都市のスラムに殺到する事態となっています。もし、すべての人が、スワラージを非暴力的手段で勝ち取るために、ある程度の時間を糸紡ぎにあてるなら、糸紡ぎのムードが高まるでしょう。そして、カディーが、今のような商品ではなく、自分が使う物となれば、工場やその他の布と競争しなければならないという問題は消滅します。そして、最も貧しい人々でも、大金持ちと同じように、ほんのわずかの困難も感じることなく、カディーを着たり、用いたりすることができます。だからこそ、パンディット・ジャワハルラール・ネールが、カディーのことを「自由インドの装い」と呼んだのです。

（『ザ・ヒンドゥー』45年8月11日）

具体的計画

少しでも土地があれば、誰でも少なくとも自分の家族が使用する分については棉を栽培することができます。棉は換金作物です。そのため相場の変動に左右されます。カディーの取り組みのもとでは、棉の栽培はこの不確かなギャンブルから解放されます。自分が必要とする分を栽培するようになるからです。百姓がまずすべき仕事は自分が必要とする物を栽培することであると知ってください。そうすれば、値が下がって損をする危険を少なくできます。

自分のための綿打ちであれば、小さな弓でそれほど労力をかけずともできます。作業を各場所で分散して行えば行うほど、道具も簡単で、安い物が使用できます。最良かつ最も簡単で安いやり方は、自分で作ることです。実際、簡単な道具の操作法と作り方を学ぶ必要があります。全国民が一斉に糸紡ぎまでの作業に携わるようになった場合の集団としての力と教育的効果を想像してみてください。富める者と貧しい者が共通の労働を通して絆で結ばれるという平等がもたらす効果を考えてみてください。このようにして生産された糸は次の三通りの使い方があります。貧しい人々のために全インド手紡者協会（糸紡ぎを普及させるためにガンディーが作った団体、以下、手紡者協会）に寄付することができます。自分が使用するために手織りにかけてもらってもよいでしょう。さらには、その糸と交換で買えるだけのカディーを購入してもかまいません。

カディーの精神とは、生活必需品の生産と分配を各地で分散して行うということです。ですから、これまで述べてきたその法則とは、あらゆる村において村で必要とする物はすべてそこで生産するということです。我が国では労働と知能が久しく絶縁状態にあり、その結果行き詰ってしまいました。ここで述べてきたようなやり方でこの二つが分かつことのできないほど一体となれば、その結果生じる効果は計り知れません。

国家建設計画とは完全なスワラージを勝ち取るための真実で非暴力の方法です。この計画を完了させることができれば、完全な独立が得られます。四億の全国民が、最も虐げられた人々を最優先に国家を建て直す、この建設的計画全般にかかわって忙しくしているところを想像してみてください。

村の経済は、手作業による粉ひき、籾すり、石けん作り、紙すき、マッチ製作、皮なめし、搾油などの村に不可欠の産業がなければ、完全なものとなりえません。

いつでもどこでも、可能な限り村で作った物だけを使うのが名誉なことだと、皆が思うようになるとよいのです。このようにして需要が生じるなら、必要とするほとんどの物は村で供給できるはずです。村の立場で考えるようになれば、西洋の真似をしたり、機械製品が必要だと思ったりしなくなるでしょう。そして、貧困、飢餓、怠惰などとは無縁の新しいインドにふさわしいインド国民本来の美的センスが開花していくことになります。

市民が行う非協力とは、建設的計画を遂行することです。

（『国家建設計画』41年12月13日）

第二章　機械の弊害

機械不要論

機械の時代というのは、二、三百年前に始まったにすぎません。それ以前は、自らの手を使ってすべての仕事を行っていました。しかも、喜んでそうしていました。機械の時代の到来とともに、私たちは手を失ってしまいました。手工芸と肉体労働は消えていき、その結果、私たちは怠け者になってしまいました。

（47年4月24日のスピーチ）

非常に単純なやり方で解決できる単純な事柄を、わざわざ不必要に難しく、複雑にしてしまう習慣を人々は身に着けてしまいました。必要なのは、高価で精巧な機械や、高給取りの技術者や専門家ではありません。むしろ、必要なのは、当たり前の常識をもって、率先して大衆のところに降りて行き、彼らと生活を共にし、彼らの言葉で考え、彼らの信頼を勝ち取ることです。本当に必要としていながら、今不足している物を今すぐにどうやって手に入れることができるかを、自分で手本を示しながら教えていくのです。そうすれば、民衆は、普通の人々の時代がやってきたと、本能的に気づくでしょう。

（47年4月20日の対話）

大きな工場や巨大な機械は必要ありません。一つの機械によって、百人分の仕事ができるなら、その百人をどこで雇ったらよいのでしょうか。これほど多くの人口を抱える国で、機械化産業が増殖していけば、確実に大量の失業者が生み出されてしまいます。私は、技術者を大変立派な方だと思いますし、科学者を尊敬しています。しかし、機械を所有する人が、億万長者になって、優雅にぜいたくに暮らし、バルコニー付きの一軒家に住み、自動車で移動し、水が飲みたいときにミルクを飲み、しなやかで高価な衣装に身を包む一方で、何千人もの人々が、夜露をしのぐ屋根さえもなく、パンを得るためにこき使われ、身に着ける衣類も持たない状況におかれ、仕事すら一人の金持ちによって奪われてしまうのであれば、機械などいりません。本物のインドは、ムンバイ、デリー、コルカタなどにあるのではありません。七十万の村こそがインドです。そのような村々が自力で生きていけるようになることを願うのであれば、人間という機械を大いに活用すべきです。今インドで暴動が起きているのはなぜかと言えば、怠惰と失業にその原因があります。皆が額に汗して得た物を食べるなら、糧を得るために八時間働かねばならないなら、誰にも一分たりとも無駄にできる時間はありません。私たちの最良の宗教書は、ギーターです。その中でクリシュナ神は言います。「ヤジュナ（犠牲供養）を行うことなく食べる者は、盗んだ物を食べることになる」（『バガヴァッド・ギーター』3章12節）。ヤジュナの新しい意味とは、「労して食べ物を得るまでは、人には食べる権利はない」ということです。自らの仕事を達成して喜びを味わう自立した人以上に幸福な人は、この世界にいません。「他者に頼るといつも失望する」と言われているのではないですか。これは全くその通りです。周囲を見回してみますと、誰も平安で、幸福な顔をしている人はいません。こうなってしまうのも、主として、人々が些細なことにも他者からの支援を期待しているからです。

（47年6月26日の対話）

紡績工場の従業員に高賃金が支払われているとしても、それは、実態を伴わない見かけ上のものです。今では、工場の布の値段は、カディーの値段の四割です。専門家が私に語ってくれたことですが、工場に今日与えられているような様々な特権や割引がなければ、工場で製造された布が、カディーよりも安く売られるようなことは絶対にありえないそうです。例えば、工場は、安価な交通手段を与えられているから、原料や、大量生産した製品をある場所から別の場所へ移動させることができます。さらに、多額の資金が投入されて、長繊維の棉が栽培されていますし、研究所が建てられ、研究が行われています。インドの七十万の村々のためには、誰も何もしてくれません。つまり、今日の工場は、実際のところ何らかの助成を受けているのです。これらをすべて取り除いてみてください。それでも、工場の布のほうがカディーよりも安いでしょうか。

（『ハリジャン』46年10月20日）

西洋では、少数の人々が機械の力を借りて、他の人々を支配しています。少数の人が、蒸気やその他の動力に助けられて他の人々を支配するのは、最終的には害となるでしょう。不正義がはびこることになるからです。与えられている人間の力を、大勢で活用することで、不正義は減らすことができます。そして、失敗の余地もありません。なぜなら、ここでは人間の力とともに、私たちは神の力にも頼っているからです。他方、機械に頼る場合は、神の力にどんな価値もおいていません。つまり、村の産業の場合は、神の助けを心から期待しなければ、失敗してしまうのです。西洋のやり方は、見かけ上成功しているように見えるだけです。しかし、実際は、大失敗です。なぜなら、働く意欲を奪うからです。

（45年5月21日）

必要な物はすべて手仕事で手に入れる必要があります。それをしないなら、他の力に頼らねばなりません。そして、そのような状況が続く限り、恐れないという状態に至ることができません。機械にどんどん依存していくことが危険であるのは、それを守るために、多大な努力を払わねばならないからです。つまり、今日の世界の他の国々がそうであるように、軍隊を持たねばならなくなるのです。たとえ外から侵略される脅威がないときでさえも、巨大な機械を操っている人々の奴隷とされてしまいます。賢明に物事を考えるなら、機械という仕組みから解放されます。

（セーヴァーグラムにて45年11月29日）

都市化が繁栄ではない

都市の成長は悪であると、私は考えます。人類にとっても、世界にとっても不幸です。英国にとって不幸ですが、インドにとっても確かに不幸なことです。英国は都市を通してインドを搾取してきました。そして、インドの都市は、村を搾取してきました。都市の建物は村の血をセメントにして建てあげられたのです。都市の血管を今流れている血液が、もう一度村の血管を流れるようにしたいのです。

間違ってしまったことに気づいたなら、私たちがとるべき唯一の道は、その間違いを認め、歩みを戻し、新たに始めることです。近代社会では、なぜか、このように歩みを戻すことは、進歩と相入れないとする信念が蔓延しています。

船が海の上で行き先を見失ったときは、どうするでしょうか。間違った方向にそのまま進んだりはしないでしょう。すぐに来た道を引き返して、それからまた、新たに出発するでしょう。

質問　つまり、都市から人を追い出して、都市の住民を皆、村に送るということでしょうか。

ガンディー　そんなことをするつもりはありません。貧しい村人たちから吸い取らなくてもすむように、都市の人々に生活を改めてもらいさえすればよいのです。村人たちの荒廃してしまった経済がよみがえるのを助けることで、これほど遅くなってしまいましたが、それでも村人たちに対してできる償いをしてもらいたいのです。

（『ハリジャン』46年6月23日）

この世界には二種類の学派があります。一つは、この世界を都市化していく考えで、もう一つは村で構成される世界を目指す考えです。村の文明は、都市の文明とは全く異なります。都市文明は、機械と工業化に依存し、村の文明は、手工芸に基礎をおいています。私たちは手工芸を大切にしてきました。いずれにしても、このような工業化や大量生産は、比較的最近に発展してきたことです。私たちの成長や幸福に、これがいったいどの程度寄与しているのか、私たちにはわかりません。しかし、最近の世界大戦は、工業化の幕開けによってもたらされました。第二次世界大戦がまだ続いているというのに、すでにもう、第三次大戦のことがささやかれています。

我が国が、今日ほど不幸で悲惨な状態になったことは、いまだかつてありません。都市では、大きな利益を上げ、高い賃金を得ることができているかもしれません。しかし、それらはすべて村人たちの生き血を吸っているからできることです。

莫大なお金を集めたいわけではないはずです。お金を当てにした仕事をいつも求めているわけではないはずです。理想のために命を捧げる覚悟があるなら、お金は何でもありません。確信して揺るがず、自らに忠実でなければなりません。

（『ボンベイ新聞』44年12月7日）

手巻たばこ作りに従事する人々は、糸紡ぎの四倍以上の賃金を得ています。工場で働く多くの人々も、豊かになりました。その結果、今お腹をすかせている人々は、餓死するまで飢えることになるのです。そして、たくさん稼ぐことができる少数の者が、残りの人々を手荒く扱うようになります。工場がさらに建設され、都市が増えていくならば、そのことによってインドが繁栄するのではありません。そのかたわらで何千万もの人々が飢えて死に、飢えが原因でいろいろな病気が発生することになります。都市の人々がこのような光景を喜ぶのであれば、私にはもはや語るべき言葉もありません。そのときには、非暴力と真実ではなく、暴力によって支配されるでしょう。そうなれば、カディーに出番はありません。カディーが存在する余地はないと認めねばなりません。そして、有無を言わせず、軍事訓練が義務化されるでしょう。

しかし、私は、何千万もの空腹を抱えた人々の課題についてお話しています。彼らが生きる、それも良い人生を送るべきであるとすれば、チャルカが中心に存在し、糸を紡ぐ必要がない人も、自発的に糸を紡ぐようにならねばなりません。

（45年7月）

第三章　自分で着るために作る

新しい計画とは

私が気づいた最も重要なことは、手紡者協会の基盤が非常に弱く、協会は簡単に消滅してしまうということでした。手紡者協会はまだ人々の生活に根を下ろしていません。指導者を投獄することで、政府は手紡者協会を機能停止に陥らせることができました。牢獄の中で私は、カディーの運動のやり方に誤ったところがあり、変更の必要があることに気づいていきました。この運動を広く行き渡らせ永久に根を下ろすものとしたいのであるならば、各地で分散した運動を行う必要があるという考えに至りました。

（44年9月1日のスピーチ）

中央集権的なやり方でカディーの運動を進めるならば、政府によって絶やされてしまうこともあるでしょう。しかし、どのような権力といえども、個人がカディーを作り使用するのを妨げることはできません。カディーを人々に強制してはいけませんが、自由を得る運動の一つとして、知性を働かせ自ら進んでカディーを受け入れるようになってもらわねばなりません。

（プネーにて45年11月13日『国家建設計画』改定版の序文より）

カディーのいわゆる「新しい計画」のことを、読者の皆さんにはよくわかってもらいたいと思います。私がいわゆると言うのもわけがあります。カディーを作って、村の人々にカディーを提供するのが当初の計画だったのですから、今取り組んでいることは当然の成り行きです。カディーが町の人々だけを対象にしたことは一度もありませんでした。決して、現在のように、村の人々が搾取され、そのおかげで町の人の生活が成り立つという仕組みを作るためではありませんでした。カディーの取り組みは、そもそも、そうした仕組みをくつがえすために考えられたのです。逆に町の人を搾取するということでもありません。仕組みをくつがえすとは、自然の関係を取り戻すということです。

イギリス人がやって来るよりも以前から、町はありました。その当時も、事態は十分ひどいものでしたが、今ではもっとひどくなってしまいました。町は都市になってしまったのです。都市には億万長者のインド人もいましたが、それでも都市が存在したのは主としてイギリス人の支配者たちのためでした。カディーはこの大きな弊害を正すはずでした。工場の布が、インドの村々の奴隷状態を象徴しているように、カディーは経済的にも、政治的にも自由の象徴であるべきです。もし、カディーがそうなれないのであれば、その存在理由はありません。ですから、カディーを広めて行く取り組みを健全な方向へ変更するのであれば、歓迎されねばなりません。

今のやり方の問題点としては、カディーを広める取り組みは表面上は非常にうまくいっているように見えても、糸を紡ぎ、カディーを織っている村の人々が自らそれを着用しないというのでは、十分ではありません。村の人々は、カディーを身に着けることの誇りや価値を理解していませんし、そのありがたみがわかっていません。しかし、彼らが悪いのではありません。手紡者協会のスタッフもわかっていませんでした。町に住む人々は、カディーを着て、罪滅ぼしをする必要がありました。そのためには、余分に数ルピーを支払うのも彼らにはわけのないことでした。そして喜んでそれをやりました。この買い物で愛国者と呼んでもらえるのですから、安いものです。しかし、手紡者協会がカディーの土台そのものを無視して信条を偽ることがどうしてできましょうか。

今、手紡者協会は村の人々がカディーを着るように力を注いでいます。カディーを着用することは糸を紡いでいる人々と、その紡いだ糸を織っている人々がまず率先して始めるのが、自然なことです。この運動が続いていけば、もちろん続くはずですが、しばらくすれば、町でも都市でもたくさんのカディーが市場に出回るようになるでしょう。そのときにはインドで手に入る衣類は、カディーだけとなります。手紡者協会はこの目的を達成するために、全力を上げて取り組んでいます。

もし、調査の結果、カディーにはそのような力がないということになれば、手紡者協会はためらわず破綻を宣言するつもりです。忘れないでほしいのですが、機械の時代にあって四億の人々の心理を扱うには技が要ります。このように考えるならば、非常な難問のようにも思えますが、それはまた、魅惑的で興味深い事業です。たとえ、うまくいかない場合でも、そのことが敗北であるとは限りません。はっきりさせておきたいのですが、これはチャルカが大衆の奴隷労働を意味した、あの暗黒時代に戻ろうとする試みではありません。インドがチャルカを用いて鎖を断ち切る努力をすれば、必ずや人類の英知、すなわちインドの魂が勝利を収めることでしょう。自由人も奴隷も同じパンを食べています。しかし、前者は自由のパンを食べ、後者は隷属のパンを食べています。

チャルカを使うことでどういう良いことがあるかが、都市や町に住む人々にわかれば、彼らは喜んで余暇を利用して、綿打ち、糸紡ぎ、機織りを行うようになるでしょう。そして、競馬をしたり、クラブで酒を飲みながら無益に時間を費やしたりはしなくなるでしょう。さらに子どもたちはどうでしょうか。もちろん、彼らも親のため、インドの自由のために糸を紡ぐことができ、インドにとって望ましい教育も受けることができます。

手紡者協会の販売所は、これまでよりも、もっと重要な目的のために用いることになります。そこでは、糸紡ぎと機織りのすべての技術を人々に教えることにします。群がるほどの人々に来てもらいたいものです。そうすれば、人々は自分に必要なカディーを自分で得ることができます。意志あれば道は開けます。「精神一到何事か成らざらん」です。

（『ハリジャン』46年7月21日）

衣類は、食物の次に必要とされます。すべての村が、必要とする布を自分たちで作るようになれば、村の持つ力は、大いに増すことでしょう。しかし、それを達成するために、法律を作って織物工場を閉鎖したいとは思いません。人々の心に革命をもたらすことで、目的を達成したいと考えています。各地に分散して取り組むことで、棉が栽培されている各場所で、布を生産したいのです。

それでは、今、カディーを購入して着ている都市の人々はどうしたらよいでしょうか。自分で、自分の糸を紡いでくださいとお願いするつもりです。そして、その糸を布に織ってくれる織り手も、自分で見つけてくださいとお願いします。

（『ボンベイ新聞』44年12月7日）

本物の経済と非暴力

すぐさま人々がカディーを着るようになって、非暴力を受け入れるとは、期待していません。本物の経済と非暴力について、人々を教育しなければなりません。本物の経済観を人々に持ってもらうことができれば、結果的に、非暴力も理解できるようになります。道徳に反する経済は、本物の経済とは言えません。非暴力と道徳を念頭に奮起して初めて、村の本当の経済というものを明らかにしていくことができます。

スタッフの個人としてのふるまいも、純粋でなければなりません。どんな形の搾取にも関与してはなりません。インド中にカディーをあふれさせようとしていながら、職人たちのみじめな暮らしぶりに関心を払わないなら、生活できる賃金を支払わないなら、苦楽を分かち合わないなら、大酒を飲んでも心配しないなら、何にもなりません。このようなやり方で、国のために働いているふりをするくらいなら、すべてのカディーを燃やして灰にしてしまったほうがましです。私なら、大酒飲みも手元において仕事を与えますが、彼の友として力を貸し、日々優しく酒をやめるように諭します。私が目的としているのは、カディーの仕事をすることだけでなく、村人たちの暮らし全体にかかわることです。

（44年10月11日の討議）

とりわけ必要なことは、村を自給できるようにし、自立させることです。しかし、気をつけてほしいのですが、私が考える自給とは、偏狭な自給ではありません。私が考える自給自足に、利己心や傲慢が入り込む余地はありません。孤立を主張しているのではありません。理想を実現するために謙遜の限りを尽くします。砂糖がミルクに溶けるように、人々の中に溶け込んでいく必要があります。村人たちは可能な限り必要な物は自分の力で確保していくことになりますが、知性を磨く時間も取らねばなりません。そうすることで、これから非暴力の社会を作っていくのだという自覚を持ってもらいます。

（『ボンベイ新聞』44年12月7日）

各地に分散した地産地消の取り組み

チカコール（アーンドラ・プラデーシュ州の都市）のカディーの評判が大変良いことを私は知っています。そして、遠くの州までよく売れていることも知っています。しかし、そのことに私はひどく心を痛めています。あらゆる州、地区、村で新しいやり方に沿って、カディーの仕事を成功させていくためには、ある地域が他の地域に寄りかかるようなことをしていてはいけません。また、それに伴って、競争するようなことがあってもなりません。どの地域も、地域内で必需品が確保できるようになるべきです。そうすることで、販売についての悩みから解放されます。この新しいやり方を始めた結果、しばらくの間、カディーセンターがゼロになってしまう可能性もあります。しかし、やがて活動は発展していくはずです。もちろん、私がこう言いましても、それを裏付けるデータや数字を示せるわけではありません。数字については何もわからないからです。しかし、あなた方で私に数字を提供することはもちろんできるでしょう。いずれにしても、次のことははっきりしています。つまり、カディーによって非暴力を広めたいと思うのであれば、たとえどんなことになろうとも、この新しいやり方に従わねばならないのです。

スタッフには、各地のセンターに行き、そこの人々に着てもらえる分だけカディーを生産してほしいと思います。外の地域の人に向けて、作ってはなりません。人々に、カディーの作り方だけを教えて、満足していてはいけません。他の手工芸についても指導する必要があります。これらの手工芸による収入も、村人たちの手に渡り、彼らの乏しい収入を補うことになります。利用されていない余分のカディーを私たちが引き取るのは、村の人々が次のように言う場合に限ります。「私たちは、自分たちが使うのよりも多くのカディーを生産しています。なぜなら、他の必需品を買うための現金が必要だからです。ですから、余分のカディーを買ってください」と言う場合だけです。必要量よりも多くのカディーを生産しているそのような村が、カディー生産の拠点となっていく可能性は十分にあるでしょう。しかし、今は、そのようなことは考えていません。今、念頭にあるのは、補完的な産業としてカディーの生産が行われているような村のことです。つまり、そこでは、カディーだけに頼って生活するわけではなく、他の産業にも従事することになります。大半の村は、このような構成になっていきます。これこそ、本当の意味での地域分散です。

都市のためのカディー生産はやめるべきです。今日では、都市で販売されているカディーが約千万ルピーに達しています。都市に対して、今後は、既製のカディーを都市に供給することはできないと、はっきり宣言する必要があります。その代わり、作り方を教えます。自分で作るか、人に作ってもらうかのどちらかになります。都市でカディーが千万ルピーも売れているからと、私が大いに喜んでいるわけではありません。カディーの取り組みを、お金で判断するのではなく、頭脳と心で見極めねばなりません。つまり、カディーが持つ本当の潜在力を基準にカディーの価値を厳密に調査するべきなのです。

（44年10月11日の討議）

都市での販売をやめる

都市に住む人々には、自分でカディーを作ってもらいましょう。彼らにカディーを供給したいという気持ちを手放すことにします。

これまでの年月、私は、カディーに取り組んで、四千五百万ルピーを貧しい人々に手渡してきたので、成果を上げてきたと考え違いをしていました。六億ルピーを達成したいと熱心になっていました。年間のカディー生産高が六億ルピーに達すれば、スワラージを手にできると、私は豪語していました。その方向で継続していたなら、六億ルピーを達成していたかもしれません。しかし、今や気づいてしまったのですが、たとえ達成していたとしても、ある年にできたことでも、次の年にはゼロになってしまう可能性があります。今現在、私たちが主として関心を持つべきことは、この仕事の基盤をできるだけ深く根付かせていくことです。

現在提供しているカディーでは何の役にも立たないことを、都市の人々に説明することにしましょう。なぜなら、それによって貧しい人々がどのくらいの慰めを得ているかを、都市の人々は知ることができないからです。ですから、カディーが織られているところを、実際に目にすることが必要です。そこで、やり方を変更することにしました。現状では、カディーによって何十万もの人々を支えられるからとお願いして、都市の人々にカディーを着るようにお願いしています。しかし、このために、手紡者協会は、取引や商売に手を出してしまいました。

村や地域で必要な分を満たしたのちに、余分のカディーが残っているのであれば、そして、そのカディーが都市の人々に役に立つのであれば、そのときだけ、都市で販売することを認めることにします。

しかし、都市に持って行って販売することを目的にカディーを生産してはなりません。たとえ、私たちの仕事量が減ったとしても、ほとんど問題ではありません。私には明白ですが、今日のやり方を続けていたのでは、人々に本当の意味では救済の仕事を提供できません。今、行っていることは、手紡者協会の魅力的な賃金で人々を引き付けているだけです。このようなやり方では、永続的な取り組みにはなりません。貧しい人々が働き口を求めているのなら、与えねばなりません。しかし、人々が自分たちの近隣で収入が確保できるようなやり方でなければいけないのです。遠くの都市に頼っていてはいけません。

質問　この点について、もっとわかるように説明していただけますか。

ガンディー　今現在、私たちは、本当の意味で村人たちを助けることができていません。紡ぎ手たちに、三、四、六ないし八アンナ（旧通貨単位、一アンナは十六分の一ルピー）を支払うことで、彼らに生活の糧を与えていると思い込んでいました。しかし、それは失業手当にすぎません。与えていた仕事が、永続的なものではないからです。

彼らに、いくらかのお金を与えねばならないのでしたら、彼らには他の手工芸も教えることにしましょう。今日の経済についても彼らに知識を授け、よくわかるようにしていきます。仕事を求めてやってくる紡ぎ手のすべてに仕事を与えたいです。しかし、そのようにして作られたカディーをムンバイに送ることはしません。近隣の村でそれを売るように指導します。しかし、それだけでは十分ではありません。糸紡ぎ以外にどのような仕事を村で行うことができるかについても調査します。村の経済活動の全体を改めて初めて、私たちの仕事は永続するものになります。村人たちにとっても、私たちにとっても、都市はいつも憧れの対象です。それでも、現代風の都市の暮らしと縁を切る必要があります。都市ではなく、村にこそ快適な暮らしがあることを示すのです。けれども、村で生産したカディーをただ単にムンバイに送り続けているだけでは、この目的は決して達成できません。糸を紡ぐ村人たちにどれほど高い賃金を支払っても、できないことです。

彼らに、村で収入を得ていく他のやり方も教えていきましょう。村人たちがカディーの仕事だけをやって、生活費を稼げるとする考えを、私はもう捨てました。

（44年10月12日の討議）

都市でも村でも自分で紡ぐ

経済的理由だけで、糸を紡ぐことに失望した人が大勢います。一日中糸を紡いで、一アンナ（旧通貨単位十六分の一ルピー）を得るだけでは、不足でした。女性の紡ぎ手たちの賃金を上げることで、女性の地位を上げてきました。しかし、同時に、紡ぎ手自らがカディーを着ることも強調してきました。これが、第二段階でした。そして、今、第三段階に達しました。カディーを着る人は皆、紡ぎなさいということです。

チェンナイ中の人々が紡ぎ、さらに自分で紡いだ糸を織るならば、なんと素晴らしいことでしょうか。あるいは、紡いだ糸を近所で織ってもらってもよいでしょう。村が最小限の費用と労力で、あらゆることをなしていくというのは、こういうことを言うのです。都市のやり方は、全く逆になっています。私は、ランカシャー（英国の都市、産業革命以後、綿織物工業の中心地となる）を訪れましたが、労働者は自分たちが作った服を決して身に着けないのです。彼らのための衣類は、アイルランドから輸入されていました。チェンナイの刺繍が施された布も使っていました。

さて、村人たちや農民たちが、自分たちが使うための糸を紡ぐことができるならば、彼らはたくさんの面倒なことをしなくてすみます。そして、よく理解した上で、それをするなら、スワラージへと近づいていくことになるのです。これこそが、カディーの新しい取り組みです。

（『ハリジャン』46年3月17日）

貧しい人々のための衣類が英国のマンチェスターからやってきています。しかし、その彼ら自身はムンバイの人々のための衣類を作っています。ばかげたことではないでしょうか。賃金の一部をカディーで受け取ってほしいと貧しい人々に頼むのも、適切なことではありません。

村人たちが、よく理解した上で自発的に糸を紡ぎ、愛情と誇りを持って自分たちが作った衣類を着るように、彼らを教育する必要があります。ムンバイの人々がカディーを身に着けたいのなら、自分や子どもたちや家族が糸を紡がねばなりません。カディーを着ると誓うのであれば、自分で紡ぐべきです。その実践は周囲に広がっていきます。

七十万の村々が、思いを新たにしてこの仕事に取り組むならば、私たちは隷属した国ではなくなります。各村が自立した存在となります。それこそ、本物のスワラージです。そして、本物の民主主義が達成されます。この私たちの目標がいつ実現するかについては、心配していません。私たちの進む方向がはっきりしていて、これこそが唯一の正しい道であると確信しているなら、倦まずたゆまずそれに向かって努力を続けていくべきです。

（『ボンベイ新聞』44年12月7日）

カディーを背負って、行商に歩くことで、カディーを広めようという考えを今は捨てるべきです。誰にも、既製品としてのカディーを差し上げてはいけないのです。私たちはこう言うことにしましょう。「このチャルカを手に取ってください。ここに綿があります。綿打ちをして、篠綿を作り、紡いでください。その糸を村の機織り職人に織ってもらって、着てください」

これまでは、ムンバイの顧客の要望を聞いてばかりいました。あるデザインのハンカチが流行しているなら、生産現場にそのようなハンカチを作るように依頼していました。ふちに特別の模様が入ったサリーが流行しているなら、アンドラ州の人々に、そのようなサリーを作るようにお願いしました。店の代表者たちを、そのような遠い村まで派遣して、求められている物について具体的に説明することまでやっていました。マチリーパトナムでは、サリーの型染めも始めていました。それによって、染色の技術も復活していました。しかし、今、仕事のやり方を変えなければ、これまでのやり方のためにカディーが消えてしまうことになるでしょう。これからは、各センターは、それぞれの地域の必要を満たすことになります。新しい目標を視野に入れて、生産を行わねばなりません。デザインに関しては、ムンバイ店の指図に従う必要はありません。ムンバイでは、残っている物やデザインを受け入れて、それに満足するしかないのです。都市の人々が求めるデザインを彼らに提供する義務は、私たちにはありません。私たちがすべきことは、人々が欲しいと思う物を自分で作れるように教えていくことです。

（46年11月27日手紡者協会での討議）

第四章　独立の心構え

意志あるところに道は開ける

民衆は、こういうのが流行しているからと食事をしているわけではありません。生きるために食べています。同様に、人々は、流行のために装っているのではありません。体を守るために服を着るのです。

ですから、かまどがすべての家にあるように、チャルカもすべての家にあるべきですし自由に動く体があるなら皆、糸を紡ぐべきです。そうすれば、皆がカディーを身に着け、スワラージを手にすることになります。体の自由がきく人は、障害がある人や、虚弱な人の分も紡いであげることができます。

体力とお金の両方を必要とするゲーム場の運営が、今そうであるように成り立つのなら、スワラージクラブや、チャルカクラブの運営もできるはずです。篠綿を作り、糸を紡ぎ、その糸と交換でカディーを手に入れることができる場所を作っていけるはずです。やる気がないから、反対意見を述べるのです。やる気があれば、そのやる気によって、好都合な意見がどんどん出てきます。これが、本当のところです。意志が強固であれば、誰もチャルカをあきらめたりしないでしょう。誰もゲームをやめないのと同じです。ゲームをする意志があるのなら、スワラージのためにも同様の意欲がないでしょうか。

（45年7月）

カディーは商品ではない

カディーを売らねばならないというプレッシャーがなくなれば、苦労の大半はなくなります。カディーが販売用である限りは、苦労も付きまとうものです。今、完全に苦労を断ち切るのが無理なことには、私も気づいています。しかし、カディーは、パンのように家庭で作るべき物です。たとえ安くても店が作った薄焼きパンで生命を維持すべきではありません。このことを確信しているというのであれば、店が作った物を使うことは災いを招くことであると、人々に分かってもらうようにすべきです。人々がこの考え方をつかんでくれたならば、家庭でカディーを作る易しいやり方を考案する必要があります。私たちのスローガンは、「衣類こそパンと同様に」です。そうすれば、困難なことはすべてなくなってしまいます。

既にカディーの生産は各地に分散されているとおっしゃいましたが、それは誤りです。英国のランカシャーにおいてさえ、布が家庭で作られることもありますが、家庭で使うためではなく、雇い主が使用するためになされています。これを地域への分散と呼ぶのは、とんでもないことです。日本でもまた、あらゆる物が家庭で作られていますが、家庭で使用するためではありません。すべてはあらゆる事業を中央集権化している政府のために行われています。物は家庭で、それもイギリスよりもうまいやり方で作られていますが、それでも生産者はその中のどれ一つとして家内消費用として取っておくことができません。仕事は政府の命令によって行われています。商品を世界各地の市場に運ぶために船を手配するなど、ありとあらゆることをやっているのが政府です。そしてこのようにして、他国から富を吸い上げています。同じことがランカシャーでも起こっています。そこでは何百万ものドーティ（腰巻用の布）が製造されていますが、その場では買いたい人がいても、一つも買うことはできません。それらはインド、アフリカその他の目的地に向けて輸出されます。私はこのような状態を地域への分散とは、決して呼びません。

カディーについても同じです。私たちのもとで働いている職人たちは、自分のためではなく手紡者協会のために生産しています。彼らは手紡者協会に完成品を渡し、賃金を受け取っています。私たちが賃金を上げると、彼らは喜んでくれました。これでは地域への分散とは言えません。私にとって地域への分散とは、自分及び近隣の人が用いる物を職人たちが生産するということです。販売のために生産すべきではありません。カディーは販売用の商品ではなく、自家消費用の物であるとわかって初めて、カディーのメッセージを自分のものにすることになります。そして、その潜在的可能性を理解することになります。私たちが政権を握れば、国中の人々がカディーを着られるようになるという期待があるようです。それならば、インドが衣類を自給できるように今から準備をしておいてもよいのではありませんか。自由インドの将来の政府が手紡者協会に必要な施設を提供し、専門集団として手紡者協会に要請がある場合に備えるのです。

次のことははっきりしています。つまり、カディーは販売のためであってはならず、自分で使用するためでなければならないということです。そこで、カディーを広める今の運動のやり方を変える必要性が生じます。今私たちの前には、国全体を再建する仕事が待ち受けています。そしてこの仕事において、カディーは重要な項目です。また、その中には搾油やその他の産業も含まれます。販売のためというよりは、むしろ自分で使用するための生産という観点から問題を見て初めて、インドはこの私たちの運動から多くのものを得ることができます。そして、政権をこの手に握ったときに、一歩たりとも引き下がることなく真正面から状況に対処することができるのです。

今日、人々は貧困にあえいでいます。ですから、パンを与えるなら、どんなことでもやってくれるでしょう。しかし、考えることもせずにことを行うなら、彼らをだまし、自分たちも欺くことになります。今私たちが彼らに与えている賃金は、飢饉のときに道路や採石場で働いてくれた人に提供される手当のようなものにすぎません。永続する価値がないのです。

カディーには村を復興させる力があり、カディーを通して人々の中にスワラージを獲得する力が自然に湧いてくると主張し、これこそカディーの意義であると宣言してきました。ところが、カディーを職業にしてしまうと、このような主張は維持できなくなります。都市の住民の情けに訴えて、村の人々が作ったカディーを買ってもらうことを続けていたのでは役に立ちません。必要なのは、村の人々が人生の諸問題に立ち向かい、前進して行けるだけの力を持つようになることです。

工場を支援すれば、この国は十分な衣類を手に入れることができるかもしれません。そして、工場を国有化すれば、衣類の値段も下がり、人々は搾取されることもなく、適正な賃金を手にすることができるかもしれません。しかし、私たちがカディーを進めていく理由は、それが怠惰、無関心の病気から人々を救い出す唯一の方法だからです。自由を勝ち取るための力を彼らの中に沸き上がらせるただ一つの方法だからです。

他の手工業も同じように再興していければ、村は自給自足の自立したものとなっていくことでしょう。スメクタイト（粘土鉱物）から自分たちの石けんを作るようになるでしょう。その石けんには、タタやゴードレージ（いずれもインドの財閥）の工場から出荷された石けんのようなかぐわしい香りはついていませんし、包み紙も人目を引くものではないでしょう。しかし、それにはカディーに勝るとも劣らない自給自足の品質があります。村全体を発展させていく手段としてカディーを用いる壮大な夢を描き、長い間それに取り組んでまいりましたが、その夢はいまだ実現していません。スタッフと議論してきた結果、いったんやり直す必要があると感じるようになりました。カディーの創始者として、私が後戻りを拒むわけにはいきません。これこそ、真理が語る声だからです。

（44年10月13日の討議）

独立後もカディーを愛用してこそ

読者からの投書

「私と家族は、日常的に糸を紡ぎ、カディーを織ってきました。自由を達成しましたが、それでも糸を紡ぎ、カディーを着るべきだと言われますか」

これは、奇妙な質問です。しかしながら、多くの人がこう思っています。明らかにこれらの人々は、何も考えずに自由を得るための手段の一つとして、チャルカやカディーを手にしてきただけです。

自由とは外国のくびきを取り除くことだけではありません。もちろん、それが第一条件ではあるのですが、カディーは、かつても今も、アヒンサーの生き方を象徴するものです。

カディーとアヒンサーが実際のところ消えてしまったのは、カディーが意味する肝心な点を私たちがこの何年間も実は理解していなかったからにほかありません。間違っているかもしれませんがこれが私の考えです。その結果、あらゆる立場の人を巻き込んだ同胞同士の殺し合い、無法状態という悲劇が起きてしまっているのです。

インドの庶民である村の人々が肌で感じられる自由を獲得するつもりであるならば、糸を紡ぎ、カディーを織ることがこれまで以上に重要になるに決まっています。それは地上に生じた神の王国です。カディーを通して行っているのは、人間よりも動力に動かされる機械を優先させている現状に代わって、人間のほうを大切にしようということです。今日のような大変な格差に代わって、すべての男女が平等になることを目指してきました。働くことよりも財産があることが素晴らしいとされる現状に代わって、財産よりも労働が大切にされる社会を、カディーを通して築こうとしているのです。ですから、インドで過去三十年にわたって行われてきたすべての努力が後戻りでないとするのであれば、今後はよりいっそうの精力を傾け、これまでをはるかにしのぐ知力を注ぎ込んで、糸紡ぎと、それにまつわるすべてのことを行っていくべきです。

（『ハリジャン』47年12月21日）

外国の支配が終わったからといって、外国の布を輸入してもよいと、どうして言えるのでしょうか。外国の支配に反対したのは、そのためにこの国の経済が崩壊したからです。このことを忘れてはなりません。

（『ハリジャン』48年1月11日）

私の母がほかにいるわけではありません。私の母よりももっと美しい女性をつれてきて、私の母にするべきでしょうか。同様に、外から、美しい布を手に入れようとしてはなりません。今日、実業家たちは、布を輸入して利益を上げています。しかし、なぜ私たちは外国の布を輸入して、自分たちが作った布を輸出しないといけないのでしょうか。ここで作った布ならどんな布でも、それを使用すべきです。自分たちが使ってもまだ余りがあるなら、輸出しても構わないでしょう。

（『ハリジャン』48年1月4日）

インドで生産できないが大変役に立つ樟脳を日本から輸入しても、不適切ではありません。しかし、インドで作ることができる物を日本から輸入するなら、それは私たちにとって毒となります。わが国民は、大多数が従事して布を作っていました。国内の需要を満たし、さらに外国に大量に輸出することさえしていました。それが今では、綿花を輸出して、その綿花から作られた布がインドにやってきて、綿花よりも安い値段で売られているのですから、何とひどいことをしたことでしょうか。この背後にあることを知れば、怒りで髪の毛が逆立ちます。

（47年6月20日のスピーチ）

手紡者協会の目標

糸を紡ぐ者が自立し、その活動を通してインドが自由を得るというのが、手紡者協会の目標ですし、そうでなければならないということを、常に心に留めておいてください。この目標に到達できそうになくても、特に悩む必要はありません。誤りのない目標だと、わかっていれば十分です。そして、活動を始めたからには、私たちは自分たちの誤りを正し、前に向かって進んで行かねばなりません。科学的やり方というのは、本来こういうことです。

たとえば、天文学は絶えず進歩しています。多くの誤った学説が立てられ、それらが正されてきました。この過程は今も続いています。カディーの科学についても、同じことが言えるでしょう。このことを知性で理解し、ひるまずに実行するなら、時折提起される疑問に答えるのも容易になります。

紡ぎ手は、最後の機織りに至るまでのあらゆる段階について、十分な知識を持たねばなりません。このことが、スワラージへと至る道となります。これまでのところ、そうと知りつつ、無知の故か、私たちは販売用のカディーだけを作ってきました。

しかし、これもまた、スワラージという理想をいつも伴っていました。もし、そうでなかったならば、商売のためのカディーも失敗していたでしょう。そして、スワラージを実現するためのカディーなど、きっと単なる夢にとどまっていたことでしょう。売るためのカディーは、これまでも、そして今も私たちのいわば歩行器です。紡ぎ手のために、他の人が綿打ちをしてあげるという別の杖にも、まだ頼っています。これらの支えを徐々に手放していくことを通してしか、スワラージを樹立するためのカディー作りにしていくことはできません。販売用のカディーが生産され、綿打ちを独立した事業として行っている支部は、可能ならば、閉鎖したほうがよいのです。しかしながら、人生というのは、妥協で成り立っています。ですから、「杖はできるだけ早く手放すことにしましょう」と言っておきたいと思います。確信と知識がある者から、それを実践するのがよいでしょう。誠実に熱心に努力を重ねるなら、競争という問題は起こり得ません。

今日の状況の一つの側面に、注意を向ける必要があります。今日、産業のこの部門は縮小傾向にあります。なぜなら、他にもっと楽な収入源が開かれているからです。人々にとっては、道徳的な問題ではないのです。たとえば、葉を束ねて葉たばこを作ることなど、一番楽なことを選んでしまいます。彼らに、本物の知識を授けることが、私たちの務めです。そして、人々がスワラージへの険しい道のりを歩めるように支援します。そのように登っていく中で、健康で屈強な身体を持つ人たちになってほしいのです。私たちにこれができないなら、私たちの存在価値はありません。ですから、私たちは、理解した上で糸を紡ぐ人たちとだけ、行動をともにするのです。

（『ハリジャン』46年4月14日）

人々の考え方を変えていくことが、最も求められていることです。カディーを流行としてお客さんがとらえているなら、店は、商売のための倉庫にすぎません。今は、店を通して、カディーを着ている人々の考え方を変えたいと思っています。販売拠点として存続することをもはや求めていません。カディーを作るあらゆる工程について教えていくセンターとなることを希望しています。機織り職人やその他の工芸家にとって魅力的なセンターになりたいものです。この目標に向かって、休むことなく必要な変化を遂げていかねばなりません。そして、それと足並みをそろえてムンバイでカディーを着ている人たちの考えも変えていくのです。こうして初めて、店は現実を反映するようになります。ムンバイのお客さんたちが、私たちのこの取り組みに対して、私たちから離れないでいてくれることを希望します。

ここで述べてきましたこの目標がうまく達成できるかどうかは、働く人々の信念、知性、能力にかかっていることを、読者の皆さんには、知っておいていただきたいと思っています。

（『ハリジャン』46年7月14日）

依存しない暮らし

独立達成が近づくにつれて、人々は以前にもまして依存的になっているようです。実業家は、顧客の要望が増大し続けることを願っています。一方で、必要な物への要求が膨らみ、他方で、資本主義を終わらせようと騒いでいる人たちがいます。このことが、私には理解できません。

例えば、英国やアメリカでは、出来合いの食べ物が手に入ります。ここインドでも、このような方向に進みつつあります。人々が、誰かを夕食に招待しますと、ムンバイにあるタージ・マハルなどのホテルに注文を出します。料理の腕を誇っていた女性たちが、次第に姿を消すことになるでしょう。料理そのものを女性たちが忘れてしまう日がやがて来るのではないかとさえ、思えてくるのです。今日の少女たちが、このような些細なことすら忘れていっているとすれば、将来、伝えていける技術が何か残るでしょうか。

ですから、私は、独立を享受したいのであれば、日々必要とする物は自分たちで作らねばならないと、申し上げているのです。自分で作れない物は、なしで済ませられるようになるべきです。これによって、自立性を高めることができ、進歩していくことになります。政治的独立を有効に活用できないのであれば、何の意味があるでしょうか。自立するということが、独立の基盤です。他に頼るのは、奴隷状態が続いているということです。

（47年4月9日の対話）

私が申し上げたいことは、空腹を満たしたいのなら、自ら手足を動かして穀物を生産しなければならないことに気づいてくださいということです。気づくことができれば、雰囲気ががらりと変わるでしょう。熱意だけでも、問題の半分は解決されます。

衣類についても同じことが言えます。すでに申し上げたことですが、今出回っている量の四倍の衣類を手にすることができるはずです。どうして我が国で衣類が不足しているのでしょうか。たとえ食料が少し不足することがあったとしても、インドで衣類が不足することは、あり得ないはずです。なぜなら、インドでは必要とされるよりもはるかに多くの棉が栽培されているからです。自分の必要を満たすために糸を紡ぎ、機織りができる人は、インドに大勢います。そして、自分で作った衣類を身に着けるのは、簡単なことのはずです。このようにすれば、食料と衣類に関して、真の意味で自立できます。そして、工場に頼る必要がなくなります。現状では、私たちはこの意味では、自由ではありません。そして、この事態は、私たち自身が無知であるためです。私たちがこのような自給を達成することを、私は願ってきました。

衣類と食料に関して自給するようになれば、そのもう一つの利点は、人々が自信を持つようになることだと、私は考えます。そして、人々は自立し、衣類の不足を心配しなくなります。自分たちが自分で衣類と食料を生産できるのだと、自信を持てるようになるのです。これをやり遂げるなら、すばらしい結果をもたらすでしょう。私たちは自由になりましたが、それは、政治的自由にすぎません。大多数の国民の経済状態は、改善されていません。

今日、私たちは身内で争っています。しかし、争う時間があるから、戦いに明け暮れてしまうのです。精を出して働くようになれば、皆が労働者になれば、喧嘩をしたり、争ったりする時間はなくなります。

問題を起こす人がいるなら、私たちは勇気をもって立ち向かいます。その人と闘ってもよいです。しかし、自然の摂理に反して、今日死なねばならないわけではありません。

だからこそ私は、あなた方を説得し、納得してもらいたいと思っているのです。そして、私が述べてきたことが心に響き、それに従った行動をしようと決意してくださるのであれば、私たちは、はるか高いところまで進んでいけるでしょう。他者の助けを当てにする必要もなくなるのです。誰の助けが必要でしょうか。私たちに支援の手をさしのべてくださるのは、神です。そして、神はどのような人を支えてくださるでしょうか。「神は自ら助くる者を助く」です。神が助けてくださるのは、自分で自分を助ける意志のある人だけです。

（47年10月10日のスピーチ）

スワラージを得たいと思えば、働かねばなりません。暴力的な働きかけと非暴力の働きかけがあります。暴力については、もう知っています。必然的に、最も近代的な破壊兵器を使う訓練とそれに付随することを行うことになります。満場一致で、この選択肢は排除されました。他方、法的な手段に訴えるだけでは、たしかに非暴力ではありますが、もはや時代遅れです。武器を手にした相手を前にして、そのようなやり方で自由が得られると思うのは迷信です。ですから、非暴力の労働が、自由を勝ち取る唯一の手段となります。

インドが非暴力の取り組みとして採用すべき訓練、あるいは労働とは、何でしょうか。インドの主要な産業であった家内手工業の綿織物産業が破壊されたときに、インドの自由が失われたことが示されてきました。綿織物産業の破壊とともに、その事業を支えるためにインドが従事していた他の多くの仕事も失われました。この事業と付随する仕事を復活させねばならないことは明らかです。あるいは非暴力の他の活動に従事すべきです。再興というのが、考えられる唯一のことです。英国のやり方を真似て復興させようとしたこともありました。つまり、人間の労働を動力で動かされる機械にとって代えることによってです。しかし、それは暴力的やり方だと直感しましたので、私は、そのやり方を拒否しました。そして、機械を人間の労働で置き換えることが、非暴力のやり方だとして、それを追求してきたのです。

（『ザ・ヒンドゥー』45年8月11日）

追求すべきは革命ではなく、建設的仕事

中央集権化した産業のすべてが国有化されたとしても、私にとっては、同じことです。欲望を増大させねばならない状況が減らないばかりか、国がそのような産業を所有する場合は、それが強まる可能性があるからです。欲望を増大させる仕事が、小規模な資本家の手

から、より大きな資本家、つまり国家へと移るだけです。

（45年5月21日）

最低でもバランスのとれた食事をとることができ、体を覆うのに十分な衣類、住む家が確保できるように努力しないといけません。現状は、金銀の食器を所有する人がいる一方で、土の器すら持ち合わせない人もいます。絹や錦の衣装に身を包む者がいる一方で、裸の体を覆うのに十分な布さえない者がいます。建設的計画を私は提案しましたが、それこそが、このような不平等を正す唯一の道です。にもかかわらず私たちは、ロシアの共産主義のほうに心が傾いています。しかし、その強さは拳銃に依存しています。それは、暴力に至る道です。それでさえ、成功したとはまだ言えません。そのようなやり方をここインドで採用すれば、この国にわずかにいる資本家が貧乏になります。しかも大多数はすでに貧困状態にあります。他方、私が提案しているように、非暴力の方法で経済的平等を目指すなら、資本家たちは、仲間の者たちが食べる物も着る物もないときに、自分たちが甘い物を食べたり、着飾ったりしてはいけないのだと、恥入り、気づくでしょう。自ずと隣人愛が培われ、国にとっても、はるかに有益なことでしょう。

（47年4月7日の対話）

チャルカとカディーによって、衣類の不足が解消し、何千万ルピーものお金が村人たちの手に渡ることが示されました。ただし、現金で手渡されるのではありません。工場の布を買わなくて済むようになるから、それだけの金額が節約できるのです。しかし、政府は、工場にあらゆる便宜を図っています。農民よりも資本家のことを大切にしています。心が痛む事実です。資本家に敵対しているわけではありません。現在、私自身、資本家と言われる方の家に滞在しています。しかし、資本家が考えていることも私は知っています。政府は、貧しい人々のためにできることはすべてやっていると言うかもしれません。しかし、英国ですら同じことを言っていました。

貧しい人々のためになることは、なされていないのが現実です。政府は、謙虚にこれを認めるべきです。貧しい人々を支援しなければならないと、口で言うのは簡単なことです。閣僚たちには、村に行って、村に住んでもらいたいものです。もし、彼らが本当に社会主義者であるなら、そして、私のやり方でやらせてもらえるのであれば、私は彼らにそうしてもらいます。彼らが、貧しい人々に真に仕える者であるなら、労働者だけでなく、さらに人数が多い百姓たちに仕える者であるなら、そして、人々の生活の向上を願うのであるなら、彼らにはカディーだけを着るべきだと言うつもりです。各自の家で自分たちのカディーを作る妨げは何もありません。やり方を教えてあげることもできます。

ここに来てからずっと私は、このように語ってきました。しかし何も達成できていません。これまでにやってきたことと言えば、村人たちのために数千万ルピーを手に入れただけです。しかし、私が望んでいることは、チャルカが回転する心地よい音が各家庭から聞こえ、カディー以外の布が見当たらなくなることです。このようになれば、村に蔓延する貧困は解消するでしょう。これまでのところ、そのようになっていないのは、不運と言うしかありません。

(47年12月10日のスピーチ)

本物の社会主義は村の暮らしの中に

我が国民は、百五十年間も奴隷状態におかれていました。そして、今、これまでとは違う生き方について、訓練を受ける必要があります。私たちがこの手に権力を握れば、すぐそうなるという考えに、諸手を挙げて賛同することはできません。あるいは、権力を用いて大きなことができるとも思えません。権力の委譲によって、多くの障害が取り除かれるのは、間違いありません。しかし、人々の中で、揺るぎない働きをしていくことが必要です。私を助言者と思ってくださり、自らの意志で助言を求めていらっしゃったのですから、私は、あなたにただ一つの助言をしたいと思います。社会主義を達成したいのでしたら、そのやり方は一つしかありません。村に行って、貧しい人々とともに暮らすことです。彼らが暮らすように暮らしてください。村人たちと一体となり、毎日八時間働き、私生活においても村で作られる物だけを使って暮らし、村人に読み書きを教え、不可触の差別を完全に取り除き、女性の地位が向上するように働きます。このようにして理想的な生活をしてみせるのです。人々が映画を見るように克明にあなたの暮らしぶりを逐一目にするなら、国中に影響を与え、人々の暮らしを改善していくことになります。

しかしながら、悲しいことに、そのような建設的仕事に従事することをせずに、今あなた方は、人々を煽ってストライキを呼びかけています。それと並行して、宗教間の暴動が起きています。皆さんは一人残らず、知性と教養を兼ね備えた優秀な方です。皆さんのやっていることによって、誰が被害を受けているかをどうして理解しないのですか。英国に対しては、そのように闘ってもよいでしょう。彼らには出ていってもらいたかったのですから。しかし、今、誰を追い出そうというのでしょうか。同国人に対して闘いを仕掛けて、何を得ようというのですか。心を広く持って、国を建てあげる偉大な仕事に協力してくださ い。権力を有する人たちが、過ちを犯すのなら、あなたの働きで彼らに対抗してくださ い。批判したり、演説して人々を煽ったりするだけでは、何の役にも立ちません。

村人たちやスラムに住む人たちを迎え入れて、あなたの知識、技術、洞察力、建設的仕事、愛国精神を発揮して彼らのために働いてください。あなた自身の生き方を手本として示すことで、人々を本当の意味で教育して欲しいのです。あなたの活動のすべてが、人々の幸福のためへと向けられるようにしてください。それができずに、人々が忍耐できないならば、私たちの状態は、今日の奴隷状態よりもさらにひどいものになるでしょう。人々が破壊への道をたどるようになる前に、建設的で、命を得る訓練を彼らに与えて欲しいのです。

私は、あなた方に対してだけこのような提案をしているのではありません。皆さんが、私の助言を求めて来られたので、私は心の内にあることを打ち明けさせていただきました。しかし、私が今ここで申し上げたことは、会議派の人々にも当てはまります。ですから、すべての公務員、あらゆる政府の役人が、自分たちの対立や、イデオロギーを巡っての議論を忘れて、糸紡ぎなどのカディーに関わる仕事や村の産業について学び、教えるようになることを希望します。英国が去り、同時に国民がこのような教育を通して、新しい生き方をするようになれば、五年以内にインドはアジアの先頭を行く国になっているだろうと、私は確信しています。

質問　あなたはどうして、機械を利用してこの国を成長させようという考えに反対なのですか。

ガンディー　自動車、エンジン、飛行機などを製造する際には、機械を使ってもよいでしょう。しかし、トウモロコシを挽いたり、布を作ったり、大地を耕したりなどに機械を使うことには、断固として反対です。工場で製粉した粉を食べるから体力がなくなるのです。機械で粉を挽くとビタミンが失われます。

昔、カーティヤーワール地方には、水道もありませんでした。女性たちが、川から水を汲んでいました。明るい色のビーズ玉がついた柱に掛けてあるキラキラと輝く桶を使って水を汲んでいました。朝早い時間でした。こうして女性たちは、毎日日光浴をして、そうすることで、健康でいられたのです。

夜明けとともにトウモロコシを挽いていました。神への祈りを含む賛歌を歌いながら挽いたものでした。この単純な歌には、有益な道徳的な教えも含まれていましたし、それによって音楽を学ぶこともできていました。そして、粉を挽く作業が、良い運動となっていました。その後、家族がそろって畑に出て働きました。ですから、誰も病気とは何かを知らないくらいでした。近頃広く蔓延している肺の病名さえ知る人はいなかったのです。

このように広大な国では、いやむしろ、多様な共同体、民族が混在して家族となっている国では、機械を用いる余地は全くありません。機械を用いれば、あっと言う間に仕事が終わります。このことは、肉体的にも、経済的にも、あらゆる面において有害です。余暇がありすぎるために、人々は悪いいたずらに戯れてしまいます。「小人閑居して不善を為す」ということわざにあるとおりです。

あるいは、映画や劇場で時間を浪費しています。映画には教育的な価値があると主張して、私を納得させようとする人が大勢います。しかし、そのような主張は私の心には全く響きません。一つには、閉鎖された劇場の中に座っていると、息が詰まるのです。私はそのような劇場に一度だけ行ったことがあります。まだ小さな子どもの時でした。私に権限があるなら、インドの映画館と劇場のすべてを糸紡ぎ場やあらゆる手仕事の作業場に変更したいものです。

そして、俳優や女優たちのなんとみだらな写真が、広告として新聞に掲載されていることでしょう。いったい、これらの俳優や女優は誰でしょうか。私たち自身の兄弟・姉妹ではないですか。私たちは、お金を無駄にすると同時に、私たちの文化も損なっています。

私がこの国の首相になることがあれば、以下のことを、私はまず行うでしょう。動力仕掛けの製粉工場を閉鎖し、搾油工場の数を制限し、代わりに、国中に昔ながらの作業場を作っていきます。今ある織物工場を破壊することはしませんが、どのような場合であってもそれらを支援することはいっさいしませんし、いずれにしても、新規に工場の建設を許可することは決してないでしょう。

映画館と劇場はすべて閉鎖します。例外として、教育的価値のある絵画の展示や自然の美しい景色を見せることは認めてよいかもしれません。しかし、歌ったり、踊ったりは、完全にやめさせます。私は、歌や踊りを高く評価する者です。私は、音楽を心から愛します。何が良い音楽で、何がそうでないかを理解することだってできます。しかし、若い男女の心をゆがめさせるような音楽や踊りは、決して許可しないつもりです。レコードを販売することは禁止します。つまり、そのような命を損なう活動には、政府が重い税をかけることを提案します。同様に、酒、たばこ、お茶類の有害な飲み物や薬物にも重い税をかけて、それらの消費量が自動的に減少するようにします。

もっと言えば、食べ物を自給し、製粉工場が一軒もなく、必要な棉を栽培して、仕立てるところまで自分の家でやって、住民が自らの服を作っている、そのような理想的な村を表彰し、あらゆる税金を免除したいと思います。理想的な村では、住民の一人ひとりが、自ら警官、医師、ガードマンとなることができますし、仲間内で喧嘩をしたり、闘ったりするような時間は持てません。

長々とお話ししてきましたが、私が思い描く自由インドについて、お話しさせていただいたまでです。この国で経済的平等を実現するには、私が述べてきたやり方しかありません。今は、まだ理解できないかもしれませんが、私の言葉を心に留めておいてください。そして、私が死んだときにそれを思い出してください。七十五歳のこの老人が語ったことは本当だったと言うようになるでしょう。私は予言をしているのではありません。これまでの人生経験に基づいて、お話しさせていただいています。

（47年5月27日の対話）

第五章　カディーの経済

糸通貨

都市でも農村でもカディーをあまねく広めたいと思えば、糸と交換することでしか手に入らない物にする必要があるというのが、私が経験によって学んだことです。今のところ、一ルピー分の布に対して、一アンナ（旧通貨単位十六分の一ルピー）分は、糸で支払うように求めています。しかし、これは、手始めにすぎません。人々が理解し、糸紡ぎの技を習得してくれるなら、カディーを手に入れるのに、全額を紡いだ糸で支払ってもらうようにしていくつもりです。人々が次第に、カディーを購入する際に糸で支払いたいと自分から主張するようになってくれることを望みます。

しかし、もしこのようにならず、いやいや糸を紡ぐだけであるならば、アヒンサーを通してスワラージを得ることは不可能であると言わねばなりません。スワラージを達成するには、相応の苦労が必要です。ただ、欲しがるだけで得られるものではありません。

（45年7月）

糸通貨についての私の考えが、仲間内にも十分に浸透していないようなので、ここで、説明してみたいと思います。硬貨や紙幣が、本来の基準なのではありません。なぜなら、恣意的にその価値が決めてあるからです。五ルピー札という一枚の紙の価値は、一パイサ（旧通貨単位六十四分の一ルピー）もないでしょう。そこに価値があるのは、政府の刻印があるからです。

もちろんこのような基準は、大規模に事業を展開する場合には、とても必要なことです。しかし、カディーや、村の他の産業を支えている思想は、全く異なっています。大規模に事業を展開したいわけではありません。七十万ある村の一つに的を絞って、その村の自立を願って取り組みたいと思います。そして、七十万ある他の村々も、その他世界のあらゆる地域も、同じように自立してくれることを願います。少なくとも食料と衣類は自分で賄える村々であってほしいのです。

そのような村では、互いの取引に、硬貨やその他の外部から押しつけられた通貨は全く必要ありません。地域で生産される物が、基準となるべきです。誰でも作ることができ、保管でき、日々値段が変わらない物がよいのです。何がこの条件を満たすでしょうか。石けんや油、野菜ではだめです。あれこれ列挙し、消去していく中で、最後に残ったのは糸です。誰でも糸を作ることができます。そして、糸に対する需要はいつもあり、きちんと保管しておくことができます。村に糸通貨を導入することができれば、村は大いに発展し、すぐさま自給を達成することになるでしょう。糸通貨の利点をいろいろとあげるためにこれを書いているのではありません。糸通貨とは何か、そしてそれをどのように使ったらよいかを、お伝えしたいのです。

糸通貨を使うためには、村人たちが日常的に使う物を扱う店が必要です。村人たちは皆、この店で糸を差し出せば、例外なく何でも買うことができます。

店で物を買うためには、村人は皆、糸を紡がねばなりません。一定の量と質を有する糸であれば、これらの店で受け取ってもらえます。そうするためには、村人たちが紡いだ糸は、適切に束ねておくことになります。村人は、より糸一本すら無駄にしないでしょう。なぜなら、糸で本当に多くの物を購入できるからです。糸の重要性が増します。糸と交換で手に入る日用品は、品質がよく、値段も手頃です。子どもでも、だまされることを心配せずに買い物ができます。

店がどんな糸でも受け入れるというわけにはいかないので、糸検査官が必要になってきます。糸通貨を検査する人です。糸が汚れるのを防ぐために、紙などで包む必要があります。検査官がきちんと包んだ糸であれば、店主は無条件に受け入れます。

検査官も店主も、手紡者協会のような機関とつながっていますので、糸は、毎日協会の事務所に送られ、そこから機織りたちのところに届けられます。そのような店が赤字になることなどあり得ません。そこで販売されている商品の値段が激しく上下することもありません。通常、村で手に入る物だけが店に置いてあります。取扱量は次第に増えていきます。

このような体制のもとでは、各家庭が造幣局となり、好きなだけお金（糸）を作ることができます。このような店では、アルコール類や、輸入品、有害な物が販売されることはありません。ですから、糸を通した結びつきは、純粋だと言えます。

（『ハリジャン』42年5月3日）

カディーは、ある一定量の糸と交換で販売することにすでになっていますが、全部を糸で支払う取り組みが始まっているところもあります。しかし、私は、カディーだけでなく、村の他の産物も、糸と交換で手に入るようになってほしいと思っています。しかし、それは最終段階に至って初めて達成できることです。今のところ、私は初歩的段階の糸通貨について提案させていただいています。数えるのが容易ですし、糸という資本は、利子によってではなく、紡ぎ手の労働によって増えます。この仕組みのことが人々にわかれば、糸は、時価何千万ルピーもの品物を生み出す媒体となれます。肉体労働が資本となり、容易に資本家と渡り合えるのです。

（セーヴァーグラムにて45年8月18日）

カディーとビジネスの違い

カディーを通してお金を稼ごうという考えは、捨ててください。カディーはお金を得る手段ではありません。

（45年9月2日付の手紙）

カディーには、「ビジネス」という要素は全くありません。と言いますのも、そのあらゆる工程は、カディーで生活を営む人々に、暮らしを保証しているだけだからです。

（45年10月18日付の手紙）

カディーの生産を再編成するにあたって、いくつか忘れてはならないことがあります。カディーの経済は、いくつかの点で一般に流布している経済の対局にあるからです。私はいつも、一つのことを心に留めています。それは、あの有名な英国の経済学者、アダム・スミスがあのよく知られた著書『国富論』で述べていることです。その中で、彼は、普遍的で絶対的な経済法則について述べたあとで、これらの法則が妨げられるある種の状況について述べています。それらの阻害要因というのが、人間的要素です。人間的心情や、それに起因する利他的精神です。

さて、カディーの経済学は、全く逆です。人間性に起因する博愛精神こそが、カディーの経済学の土台となっています。損益の計算だけに基づいてなされる純粋な経済活動としてアダム・スミスが述べている活動は、利己的な態度であって、カディーの発展を阻害するものです。この傾向に対抗するのが、カディーを支援する者がなすべき働きとなります。

　ですから、事業で利益を上げるために通常採用される戦略は、カディーの取り組みでは、排除すべきことになります。たとえば、いかさま、詐欺、裏切り行為や、不純物を混ぜたりの粗悪品、人を中毒にしたり、利己心を煽ったりなど、工業や通常の商取引で見受けられる行為は、カディーの取り組みでは完全に排除されます。利益を増やすために、織り手や紡ぎ手に、最低限の賃金しか払わないようなやり方は、カディーの取り組みには存在しません。

　また同時に、不慣れなために損失を出していては、カディーの取り組みを続けることはできません。私たちの活動において、今現在、赤字が生じているのは、スタッフが能力不足だからです。カディーの活動においては、紡ぎ手やその他の労働者が、自分たちの労働の対価を十分に得ることになります。しかし、仲介者や組織運営者には、経費以上の配当はありません。

　次は、規格ということについて考えてみましょう。つまり、均一なカディーを生産するということです。そのような統一された規格をカディーで期待することはできません。ラージャーゴーパーラーチャリ氏が、かつて言っていたことですが、貧しい女性たちに、工業製品のように均一な糸を紡ぐことを期待してはいけません。女性たちは、命のない機械ではありません。人間なのです。彼女には彼女の幸・不幸があります。感情を持った存在です。病気になることもあります。彼女自身の体調がよくないときもあれば、子どもや親族が病気のときもあるでしょう。そして、取り乱すこともあるでしょう。これらが、彼女の紡ぐ糸の品質に影響を及ぼします。あなたの心が石でない限り、故意に粗悪な糸を紡いだのでなければ、その糸の質にかかわらず、彼女が紡いだ糸を受け入れるべきです。誠実な労働によって聖なる物となっているのですから、紡がれた糸は、私たちにとって貴重な物です。

工業製品には、このような人格的な関わりがありません。そのため、精神的満足をもたらしてくれることもありません。機械的に製造された物は、目を楽しませるだけです。しかし、カディーの美しさは、人間の心に訴えてきます。心に響きます。カディーにおいては、外見的美しさはそれほど重要ではありません。ですから、私はカディーを漂白して販売することに反対してきました。漂白すれば、生産コストがそれだけかかるうえに、生地を痛めます。さらに、不正なカディーを見分けることも難しくなります。私たちの務めは、人々のあらゆる好みを満たしてあげることではありません。そうではなく、嗜好を正しい方向に向けることです。カディーについている糊は、二、三回洗濯すれば、自然に落ちます。そして、染み一つない白になります。それだけでなく、優しい肌触りとなります。漂白するとこのような肌触りが失われてしまいます。機織りのあとのこのような細かな処理を、カディーを着る人が自分で行うなら、カディーの価格ももっと安くなります。人々にこのようなことをやってもらうように促す最善の方法を、カディー専門家には考えてもらいたいものです。

カディーの活動が単なる商売ではなく、飢えに苦しむ大衆の生活を改善する手段であるなら、紡いでいる人々の家庭に浸透していかねばなりません。自分で作ったカディーを着るように、説得する必要があります。こうすれば間違いなく、カディーを作るコストを大幅に減らせます。販売経費を全くかけなくて済みます。これまで私たちは、都市の人々を視野に入れて、カディーを生産してきました。ごくわずかな量から始まったカディーの取り組みでしたが、今ではその販売額は数百万ルピーに達しました。カディーの種類も増えました。

しかし、このすべてをもってしても、私は満足できません。カディーについての私の野望は、これよりもはるかに高いのです。村々から、飢餓を一掃することを目標に掲げています。村人たちが自らカディーを生産して、地域での必要を満たし、残りを都市に送るようになって初めて達成できることです。カディーの秘められた力は、生産したその場に消費者がいるということにあります。市場を探してあちこちを巡る必要はありません。

カディーの運営経費が高くついていることに、私は心を痛めています。もし私たちがいつもカディーの主要な目的を念頭に置くなら、この経費を大幅に減らすことができます。先にも述べましたが、利益のために運営されている産業で採用されているような生産コストを削減する方法を、カディーに当てはめることはできません。カディーの場合は、機械の利用は、ある限度内に限られます。芸術性、技能、能率、誠実さなどは、いくらでも追求できます。これらを大切だと思えないのであれば、カディーから完全に手を切らねばなりません。カディーの生産経費を抑えたいのであれば、組織運営の人員を最小限に減らすべきですし、利他的精神にあふれる人々でなければなりません。そして、仲介者や仲買人をすべて取り除く必要があります。実際、カディーの取り組みが十分に発展していけば、外部の組織は不要になります。自給し、自分で宣伝するというのが、カディーの本来の特徴です。

カディー研究は、まだ始まったばかりです。順調に発展しています。さらに深く知ろうとして、その法則についての研究を行い、それを理解するにつれて、まだまだ限られたことしか私は知らなかったということに気づいていきました。

中国を除けば、世界中にインドほど資源が豊富な国はないでしょう。今日では、中国以外に、インドほど人手が多い国もありません。しかし、今、このインドの富が活用されていません。チャルカは、この富を活用する手段です。

（『ハリジャン』34年10月21日）

村の学生へのメッセージ

多くの学生が政府の大学で学んでいます。そこで学位を取得します。彼らは、教育を受けることで、お金を稼ぐことができるようになり、名誉も得られると思っています。少なくとも、どこかの政府機関で働けると思っています。かりに、それが叶わなくても、巡査ぐらいならなれると思っています。そして彼らは、その仕事をするためではなく、将来出世することを願って、その職に就きます。そして、片手間に仕事をしながら、お金を貯めようと考えています。つまり、いったん、政府関係の仕事に就けば、彼らの生涯は安泰だと信じているのです。これは、本当に注意して考えねばならない事柄です。政府が大学に施設を提供してくれています。広々とした建物を提供し、多額な奨学金を支給し、交通手段も与えてくれています。

私たちがどうしてこれらすべてに競争して勝つことができるでしょうか。この問題に対処するやり方をすでにいくつかお伝えしてきました。皆さんがここにいるのは、くつろいだり、給料をもらったりするためではありません。目標としていることを成し遂げたいのであれば、手工芸を習うためだけにここにいるのではないことを、心に留めておいてください。もちろん、手工芸を習わねばなりません。しかし、そのことだけに満足していてはだめです。村には、すでにもう職人がいます。代々、その同じ仕事をしてきたのです。どうすれば彼らと肩を並べることができるでしょうか。工程を学びましょう。そして、同時に、科学的な知識も身に付けてください。私たちはなぜこの仕事をしているのか、どのように進めていくのか、それをスワラージとどのように結びつけるかについて、何度も何度も繰り返し考える必要があります。

スワラージは、非暴力のやり方で獲得しなければなりません。インドの村々に何千万もの人々が住んでいます。彼らに自由を手渡さねばなりません。彼らのために働き、手工芸という仕事の価値について理解してもらう必要があります。工場の経営者に人々を食べさせることができると思っていて、それで満足しているのでしたら、ここで学ぶべきではありません。しかし、工場の経営者は、ほんの少数の人にしか仕事を提供できません。工場経営者が何千万もの人々のことを心配することは決してありません。私が出会った工場経営者で、工場で何百万もの人々に仕事を提供できると言った人は、一人もいません。

超人的な難事業をやり遂げようとして、皆さんはここに集まっています。何千万もの人々のために働かないといけないのです。たった六十一人しかいないということは問題ではありません。科学的な知識を自分のものにしてここを卒業するなら、何かを達成したことになります。この六十一人、全員が、大衆の後見人となっていきます。皆さんを見習う人々があとに続くなら、人数は増えていきます。この学校は、ガンゴトリ（ガンジス川の源）に似ています。ガンジス川の流れと同様、大きな流れになっていくでしょう。これが、この二十五年間、私が思い描いている夢です。

私がいつも抱いている願いは、まだ実現できていません。それでも、私は少しも失望していません。なぜなら、やる気を失うことは決してないからです。偉大な事業には、時間がかかります。非暴力は、ゆっくりと、しかし確実に前に進んでいます。その道のりはまっすぐです。飛行機のスピードで移動する人々を追い越すことでしょう。私は、そう確信しています。

ここで得る知識を、村の人々に伝授することになります。村人たちがそのような知識を知りたいという願いを持つようにしていかねばなりません。しかし、これは容易なことではありません。私は、ここセーヴァーグラムで、本当に長い年月を過ごしています。手紡者協会、村落手工業協会、農業支援協会などの本部は、ここにあります。優秀なスタッフもいます。他にはない施設がここにはあります。このすべてにも関わらず、やりたいと思っていることがまだできていません。しかし、だからと言って、意気消沈してはいけません。なぜできないのかを、自らに問う必要があります。このことに対する解決策を、教師は持っているべきです。ここに座っている人々は、偽善者でもペテン師でもありません。いつかは、この問題を解く鍵を手中にできると確信してここに座っているのです。

セーヴァーグラムをあちこちに作らねばなりません。一つの村のことだけを考えるのではなく、インド全体のことを考えねばなりません。私は、ときには、世界全体のことを考えています。ここだけを良くするのであれば、非暴力や真理について考えないのであれば、仕事を成し遂げていたかもしれません。しかし、それでは、この世界の苦悩を取り除くことにはならなかったでしょう。インドは世界の中では小さな地域です。その中でセーヴァーグラムと言えば、小さな点にすぎません。それでもここでできることは何でも、世界に適用できます。そのために、百年をかける覚悟が私にはあります。

忍耐をもって学ぶ覚悟があるのでしたら、私は知っていることは何でも教えます。しかし、お金を稼ぐ助けにはなりません。私は、千や二千ルピーくらいのお金は容易に稼ぐことができます。南アフリカに二十年間滞在しました。怪しげな英語もしゃべれます。この頃は、マハトマ（偉大な魂）などと呼ばれることさえあります。ですから、誰でも私に二千ルピーをくださるでしょう。しかし、このようなことを私は求めていません。その強みを利用して、私は何千万ルピーだって集めることができます。もちろん、自分のためにではありません。私に関して言えば、質素なパン以上の物は求めていません。同じように、皆さんも質素なパンで満足してください。ここでの仕事は容易ではありません。ここでの仕事に満足できないのでしたら、出ていくしかありません。他の所でなら十分な収入を得ることができるでしょう。しかし、ここに残りたいのでしたら、満足した心で残る必要があります。大衆との一体感を感じているなら、うまくいくでしょう。

皆さんはそれぞれ異なった州からやってきています。食事を共にし、暮らしを共にします。心が清くなければなりません。私たちは皆一つであることを感じ取ってください。私たちは皆ハリジャンであると、言おうと思います。実際、バンギー（清掃人）です。このような姿勢を自分のものとして初めて、私たちの仕事は成功します。いついかなる時も目を覚まし、仕事を遂行するのです。試験を受け、証書をもらうでしょう。しかし、それであなたの価値が証明されるわけではありません。証書は、他の人に見せるためにあるのではありません。ある一定の基準に到達したことを知るためです。そして、さらに研さんを積んでいくのです。今日では、証書に重きが置かれるようになっています。しかし、私たちの価値観を変えていかねばなりません。暮らし方を変え、これらについての私たちの姿勢を変えていきましょう。

（セーヴァーグラムにて45年11月22日）

お金の問題

質問　最近、刑務所から解放された会議派の活動家たちは、自分や家族のためにお金を稼ぐ必要があります。今日の経済状況では、街に押し寄せてくるしかありません。そのため、村での奉仕活動をしてくれる人がいなくなっています。会議派の州や地区の組織で、有給の奉仕活動を彼らに提供できないでしょうか。もし、できるなら、この目的のための資金をどうやって調達したらよいか、助言いただけないでしょうか。

ガンディー　このような質問が出ること自体が、この国の嘆かわしい状態を示しています。都市は、村から富を奪うだけでなく、才能まで奪っています。この流れを止めるには、会議派の活動家たちが、自分たちの暮らしのことばかり心配するのをやめねばなりません。そして、理想のために自らを捧げる覚悟をするのです。そうすれば、神が彼らの面倒を見てくださいます。働く者が報酬を受けるのは当然です（『聖書』ルカ10章7節参照）。

しかし、私が魔法の杖を一振りすれば、自発的貧困という理想に到達するほど根本的に、人々の考えがすぐさま変わってしまうわけではありません。ですから、州の会議派委員会あるいは地域の機関が基金を創設して、村での奉仕に専心したいと思っている働き手たちの生活を支えることが、望ましいと考えます。しかし、私に資金の調達を期待しないでください。私が物乞いをする時代は終わりました。もし、誠実な働き手がいるならば、資金が足りないために妨げられるような理想はありえないというのが、私が強く確信していることです。

ウパニシャッドには、この宇宙に存在するすべては神の物であるとあります。すべては神の物です。神に捧げたのちに、それを楽しむとよいのです。そうすれば、楽しみも悲しみも、成功も失敗もあなたにとって同じことになります。さらに一つ付け加えるなら、暴君がチャルカを破壊しようとした場合、どうしますか。チャルカが破壊されるのを目撃するくらいなら、私たちもチャルカと一緒に消えることにしましょうというのが、私の返答です。このように自らを犠牲にするカディーの働き手一人に対して、何千という人々が立ち上がって、彼の後を継ぐからです。彼のような行動が、彼が主張する理想に決定的な勝利をもたらすのです。

（『ハリジャン』46年3月31日）

主張することが良いことで、働く人々が奉仕の精神にあふれているなら、お金は必ず見つかります。私はこれまでにいろいろな協会を立ち上げ、指導してきました。私の経験から言いまして、資金が足りなくて閉鎖したり、進展できなかったりした団体は一つもありません。むしろ、働く人が足りなくて、働きが中断し、うまくいかなくなった団体ならあります。お金の力によるのでなければ、大きな工場の経営や、政府の役人の採用などはどうしているのだろうかなどと疑問に思ってはなりません。私がこれまで話してきたことを十分に理解していないから、そのような疑問が生じるのです。お金が何の役にも立たないと述べているのではありません。お金が役に立たないのであれば、どうして私たちはお金の奴隷になったりするでしょうか。お金がなければ、前進できないと断言しても構いません。

しかし、私が申し上げたいのは、もし私たちがお金の奴隷になるなら、人々に奉仕をするという考えをあきらめるべきだということです。そして、抑圧されるのが奴隷の運命です。しかし、もし私たちが、お金を私たちの奴隷とみなし、それを手段として用いるなら、そして、奉仕をするためにお金を用いるなら、私たちは、お金を上手に活用できます。奉仕の仕事のために、必要不可欠であるのは、第一に働き人です。そして、働き人が与えられるなら、お金は彼らを追いかけてきます。お金を探してさ迷わなくても大丈夫です。だから私たちは、働き人が七十万人以上いるなら、金庫にお金があると思っていて構わないと申し上げているのです。働き人を引き付けるような金額を支払っていないと言われるかもしれません。それは認めます。しかし、熱意さえあれば何とかなります。

手紡者協会のような慈善団体に参加する人々は、奉仕するために参加しているのであって、給料をもらうためではありません。もちろん彼らも給料はもらっています。なぜなら、富豪と同様に、貧しい人々も食べていかねばならないからです。しかし、彼らはただ生命をつなぎ、奉仕ができる身体を維持するためにそうしています。そのような働き人は、楽しむために食べたり、飲んだり、着飾ったりはしません。

（プネーにて45年11月3日）

私たちにとっての最大の敵は、恐れと無気力です。これら二つを追い出して初めて、私たちは自らの強さに気づくことができます。

私たちは、他者の善意に依存して生きるべきではありません。頼るべきは自分自身と神だけです。

人々に奉仕する者は、自らの暮らしを心配してはなりません。奉仕という使命を自ら引き受けた人は、その奉仕を通して人々が敬意を払ってくれるようになります。そして半ルピーが必要な時に、一ルピーを提供してもらえます。しかし、公の奉仕者がそのように効果的な奉仕を提供するには、多くの条件や制限を耐え忍ばねばなりません。平凡な格言を述べているのではありません。私自身の経験から、私は書いています。

（47年6月30日付の手紙）

真の変革は、お金でできることではありません。一生かけて出来上がった習慣を変え、怠惰を克服し、破壊するのではなく、創造していくというのは、困難な仕事です。列車を襲って一万ルピーを手に入れるのは容易なことです。額に汗して働いて、この金額を稼ぐのは困難なことです。ある人が、株式市場で一日に十万ルピーを稼ぐということは、よくあることです。しかし、働くことで、一日に十万ルピーを得ることは、不可能です。宝くじに当選して、乞食が金持ちになることはあるでしょう。しかし、労働によって一日で富を築いた乞食はいません。自分の賃金を時価で受け取ることができるだけです。その価格とは、八アンナであったり、時にはわずか二アンナであったりします。

カディーを作ることと、工場製の衣類を作ることは全く別のことです。スワラージが、機械によってもたらされることはありません。しかし、二億人の人々が、十分理解したうえで自らの労働でカディーを作り、それを身に着けるなら、インドの容貌がすっかり変わることでしょう。四億の国民の中から、わざわざ自ら衣類を作る人が二億人もいるわけがないと思うのは、まったく次元の異なる問題です。そして、いないとは、私には決して思えないのです。

（『ハリジャン』46年7月28日）

第六章　理想の実現に向けて

恐れを克服して

この国では、十分な量の棉が栽培されています。手織り機もチャルカもふんだんにあります。糸紡ぎや手織りの技術をインドが知らないわけではありません。なのに、どうしたことか、恐れにとらわれてしまって、自らの必要を満たすために、大衆が糸を紡いで、紡いだ糸を織るようになるとは、決して思えなくなっています。心配性な人々は、なんの根拠がなくても、恐れてしまうのです。そして、実際の病気で死ぬ人よりもはるかに多くの人が、恐れから命を落としています。

（『ハリジャン』47年11月2日）

よく言われることですし、まったく正しいことなのですが、実際の死よりもむしろ、恐れによって人々は命を落としています。自分はまもなく死ぬだろうという思いに囚われ始めた人がいたとします。どうして、誰かについて語る必要があるでしょうか。自分自身を例にしてみましょう。咳が出るから、私は死ぬに違いないと思い始めたとしましょう。何が起こるでしょうか。私が死ぬのは、その時が来たときだけです。それは、神の手の中にあることです。しかし、今この時から死を恐れ、私が死ぬ瞬間を想像し始めるなら、実際は死んでいないのに、死んでいるようなものです。毎日を死についてパニックになって過ごすなら、自分にも周囲の人々にも問題を引き起こすことになります。そして、日々、自分で自分の首を絞め続けることになります。もうすぐやってくる自分の死を、いつも嘆き悲しむことになります。

実際の死の瞬間まで、ゆったり構えたほうがよいのです。そして、神以外に、私たちの命を奪える者は存在しないことを確信することです。神は、望む時に私たちを召されます。私たちが死の恐怖を手放すなら、私たちの問題も、私たちのもとから立ち去ってくれます。そして、私たちは問題から自由になれます。これができれば、もう悩まなくなります。誰かの好意に頼って食べ物を得ようなどと、誰も思ってはなりません。そうではなく、自分たちが食べる物は自らの労働で生産するべきです。だからこそ、私は、自然に死ぬ以外に死んではならないと申し上げているのです。

（47年10月10日のスピーチ）

理想の社会とは

独立とは、インド人民の独立です。今現在、彼らを統治している人々が自由になることではありません。統治者は、人民の意思に従うべきです。つまり、彼らが人民の奉仕者になり、人々の思いを実現するのです。

独立は、草の根から始まるべきです。つまり、各村が、完全な権限を持つ自治体・パンチャーヤト（村落）となります。ということは、各村が自給自足の村となり、自らのことは自分たちで対処できるようになるということです。全世界を相手に村を守ることさえできねばなりません。

究極的には、個人が一つの単位となります。だからと言って、近隣や世界に頼ったり、助けてもらったりしてはならないということではありません。互いの力を自由に自発的に発揮することになるでしょう。そのような社会は、高度に文化的な社会となるはずです。すべての男女が、自分の必要を知っており、さらに重要なことには、他の人が同じように働いても手に入れられない物は、求めてはいけないと、すべての人がわきまえています。このような社会は、必然的に、真理と非暴力を土台にして築かれます。そして、それは、神への生きた信仰がなければ不可能だと、私は考えます。神とは、自ら存在し、すべてを知っておられる生きた力のことです。そして世界のあらゆる力は、この力を体現しており、この力は何にも依存していません。他のすべての力が消滅し、活動をやめたとしても、この力は存在します。すべてを包み込むこの生きた光を信じていなければ、私は自分の人生の意味を説明することができません。

社会は、多数の村で成り立っていて、限りなく広がっていきますが、決して上昇することのない円となります。人々の生活は頂点が底辺によって支えられているようなピラミッドであってはなりません。そうではなくて、巨大な円となるのです。その中心には常に村のために自分を捧げる用意のできた個人が存在します。そして、各村は村の連合のために自らを捧げる用意があり、ついには全体が個人からなる一つの生命体となります。各個人は、傲慢にごり押しすることは一切せず、どこまでも謙虚です。そして、広大な円の不可分の一部としてその栄光を共有しています。

ですから、最も外側の者が権力をふるって内側をつぶすのではなく、内部のあらゆる者を支え、また一方で、内部に助けられて力を得ています。こんなことはすべて夢物語だと、あざけられ、反論されるかもしれません。一顧の価値もないとされてしまうかもしれません。ユークリッド幾何学の点を人間の手で描くことは不可能ですが、それでも、それに不滅の価値があるとすれば、私の描くことも、それ自体、人類が生きる上で価値があるでしょう。

この本来の描写に沿ってインドは生きることにしましょう。完全にこれを達成することは無理かもしれません。それでも、私たちが求めていることを適切に描くことは必要です。そうして初めて、向かっていく方向を定めることができます。インドのすべての村が共和的な体制になるなら、最後の者が先頭の者と対等になるという私の理想像が、正しかったのだと言うことができます。言い換えれば、先頭も最後もなくなるということです。

この中では、人間の労働を奪う機械が存在する余地はありません。機械があると権力が少数の手に握られるからです。文化的な家族関係の中で、労働は独特の地位を占めていきます。すべての人にとって助けとなる機械は、存在できます。しかし、そのような機械が何かを思い巡らしたことはありません。シンガーのミシンを思い浮かべたことはありました。しかし、それも表面的なことです。私が思い描く社会に、ミシンが必要なわけではありません。

（『ハリジャン』46年7月28日）

非暴力と真理を信奉しているのであれば、高い・低いの区別をしてはなりません。自分は偉いと誤解してはいけません。全世界を家族と考え、家族の一員として暮らすのです。

（47年4月7日の対話）

心を清くしてこそ

まずやるべきことは、国民一人ひとりの人格を高めることです。私たちが人格者にならねば、どのような改革も不可能です。スワラージをごく最近獲得したにも関わらず、すでにもう、建設的仕事が停滞しているのは、悲しむべきことです。

第一に、心を清める必要があります。会議派には、常に建設的仕事が伴っていました。そして、今、権力を手にしました。それなのに、建設的仕事が進展しないのは、どうしたわけでしょうか。関心がないのかもしれません。熱い心があれば、他者の痛みにもっと敏感になっていたはずです。

私たちが手にした自由は、本物の自由ではありません。闘いが終わると、建設的仕事への関心がしぼみました。建設的仕事は、闘うための戦略や手法ではありません。建設的仕事とは、暮らし方なのです。知識と心でそれを自分のものにした人しか、行うことができません。

今日、政治が腐敗してしまいました。政治の世界に身をおくと、皆染まってしまいます。そのようなものからは、いっさい距離を置こうではありませんか。そうすることで、私たちの影響力は増大します。私たちの内側が清ければ清いほど、特別にがんばらなくても、人々の心をそれだけ強くつかむことになります。

手紡者協会のスタッフは、自分たちの生活費を稼ぐためだけに存在するのではありません。また、紡ぎ手や織り手たちに、支援金として何らかの賃金を提供するためでもありません。手紡者協会にふさわしい唯一の価値ある目標とは、非暴力の社会秩序を築くことです。しかし、これについては、それほど前進していません。カディーに取り組む人々が、賃金のためだけにいるとすれば、非暴力の社会秩序を築くという夢を手放したほうがよいです。成功するかどうかは、私たちがどれだけ純粋であるかにかかっています。待てないことは致命的です。

女性が糸を渡してくれますが、お金を得るためにそうしています。どうして、お金を要求するのでしょうか。その根元にあるのは貧困です。その根を、私たちは取り除かねばなりません。今日、カディーはどこにあるでしょうか。カディーを着る人々は、政治的な目的を達成するために、そうしているだけです。そこに名誉なことは何もありません。

私たちの歩みはゆっくりかもしれません。しかし、そこから大変な力が生まれるのです。会議派の憲法については忘れてください。と言いますのも、憲法が形作られたあとでも、私たちの仕事は続いていくべきだからです。私たちは別のやり方で、目的を追求するのです。大臣になりたいという野望に屈してはなりません。

私たちのやっていることの規模が小さいとしても、それが揺るぎないものであるのなら、気にすることはありません。二、三ヶ月もすれば、独立インドの憲法を起草する仕事は終わるでしょう。その後は何をすべきでしょうか。実際に行動を起こし、成功へと導く責任はあなた方の肩にかかっています。皆さんが心に描いているまさにそのままの憲法が、手に入ったとしましょう。しかし、うまく機能させることができなければどうなるでしょうか。五年後には、次のように言う人々が現れるでしょう。「あなたの出番は終わりです。今度は私たちの番ですよ」と。皆さんはあきらめねばなりません。そして、他の人々が権力を握ろうとするでしょう。独裁体制を敷き、国民会議派を締め出すかもしれません。

これと対照的に、権力は握らなくても、人心を手中に握っている場合を考えてみましょう。誰でも願う人を選挙で選出して送り出すことができます。選挙人の支持を得ている限り、会派の一員になるか、ならないかの心配は忘れてしまうことです。根本的なことを考え、それをできるだけ大切にしてください。自分をどの程度まで純粋にできたかが、唯一の基準です。この精神に満たされた者が数人いるだけで、状況を変えることができます。人々はすぐにその変化を見て取り、それに対して反応が鈍いということはないでしょう。努力を要する困難な仕事ですが、豊かに報われるでしょう。

（47年12月11日の討議）

私は、偏見なしに、経験から語ることができるのですが、建設的仕事を推進すればするほど、人々は強くなれます。建設的仕事を普及させ、人々が実践するようにしていければ、スワラージを私たちは手にできます。

（セーヴァーグラムにて45年11月29日）

第七章　受託者制度（trusteeship）

訳注　ガンディーは、経済的平等を実現するために、「受託者制度」を主張しました。必要以上の富は、社会から委託されて預かっている物と見なし、自発的に手放し、社会のために捧げなさいという主張です。すべての人に平等に注がれている地球上の恵みは、平等に分配すべきであるという考えが、その根底にあります。非暴力を尊重するガンディーは、富裕者から強制的に富を奪うことには反対しました。そのかわり自発的に富を手放し、社会のために捧げることを彼らに求めました。優秀な人が多く稼ぐことは構わないが、各自が必要とする以上の富は、社会から信託されて預かっている物と見なしなさいというのが、ガンディーの主張です。つまり、裕福な人々に、貧しい人々の代わりに富を預かっている受託者として行動することを求めたのです。

すべては神の物

すべては神の物であり、神からの贈り物です。ですから、あらゆる物が神の民全体の物です。ある特定の個人の所有物ではありません。ある個人が自分の分け前以上の物を得た場合は、その人はその余分な物について、神の民のためにそれを委託されたわけで、受託者となります。

神は日々、創造の業をされます。ですから理論上、人もまたその日、その日を生きるべきであって、物を蓄えてはならないのです。

（『ハリジャン』47年2月23日）

もともと盗んだ物でなくても、必要としないのに所有している物はやはり盗んだ物となります。所有するとは、将来に備えることです。真実を追い求める者、愛の規律に従う者は、明日のために何かを取っておくことなどできないはずです。神が明日を考えて蓄えることは決してありません。神はこの瞬間に必要な物しか創造されません。ですから、神の恵みを信じる者は、神が日毎の糧、つまり必要とするすべての物を毎日与えてくださると信頼していなければなりません。聖者や信仰者は、本当にその通りだという経験をしてきました。日毎の糧は日々与えられているが、それ以上は与えられていないという神の法を無視し、注意を払わないがために、不平等が生じ、それに付随してあらゆる惨劇が起きるのです。金持ちは必要もない物をあり余るほど持ち、そのためそれらは注意されることもなく無駄にされています。他方で、何百万もの人々が食料も手に入らず餓死しています。もし、各自が必要とする物だけを持つようにすれば、誰も欠乏することなく、皆が満足して暮らせます。

豊かな人々が率先して、満足の精神が世界中に行き渡ることを願って、物を手放していかねばなりません。彼らが、自分たちの所有物を適切な範囲にとどめておきさえすれば、飢える者たちは容易に食料を与えられ、満足するとはどういうことかを学ぶことになります。

理想の社会を常に思い描きながら、そこから放たれる光で自分たちが所有している物を厳しく吟味し、所有物を減らすように努めねばなりません。文明とは、その本当の意味では、増し加えることではなく、意図的、自発的に欲望を減らしていくことです。そうしてこそ、本当の幸福、満足に至ることができ、奉仕の可能性が広がります。

ついにはパンではなく奉仕が私たちにとって命の糧となるのです。奉仕のためだけに私たちは、食べ、飲み、眠り、起きるようになります。心をそのような状態にすることで本当の幸福がもたらされ、定めの時に喜ばしい光景を目にすることになります。私たちは皆、この観点から自分自身を顧みることにしましょう。

所有しないというのは、物だけでなく、思考についても適用できる基本方針です。無駄な知識を頭に詰め込んでいる人は、そのきわめて重要な指針に背いています。つまり、私たちを神から引き離したり、また神へと向かわせたりしない思考は、不必要な所有物であり、私たちが進むべき道をふさぐ障害物となります。

（「息子に宛てた手紙」30年8月26日）

平等ということ

経済的平等を求めて働くということは、資本と労働の間で永遠に繰り広げられる衝突を終わらせるということです。つまり、一方では国家の莫大な富を一手に握っている少数の資産家が富を手放すようにし、もう一方では半ば飢えた、衣類も満足に持たない大多数の生活水準を上げていきます。富める者とお腹を空かせた大多数の者との間に深い溝が横たわり続ける限り、非暴力の政治を行うことは、明らかに不可能です。ニューデリーの大邸宅とその付近の貧しい労働者階級のみすぼらしい住まいとの落差が、自由になったインドで一日たりとも存在してはなりません。

自由になったインドでは、貧しい者もこの国一番の金持ちと同じ権限を有するようになります。暴力を用いた流血の革命は一日の命でしかありません。金持ちが自発的に富を手放し、権力を差し出し、公共の利益のために分かつようにならない限り何の役にも立ちません。

あざ笑われながらも、私は自分が考え出した受託者制度に固執しています。その域に達するのが困難であるのはその通りです。非暴力についても同じです。しかし、私たちは一九二〇年にその険しい道を行く決意をしました（訳注　一九一九年のアムリトサルの大虐殺（英軍が市民に発砲）に対する報復の気運が高まるが、一九二〇年、会議派は暴力に暴力で対抗するのではなく、合法的・平和的方法でスワラージを勝ち取ることを決議した）。努力する価値のあることがわかりました。

私たちの組織には、大金を有する会議派議員がいます。そのような人々がまず手本を示さねばなりません。この闘いでは、会議派の一人ひとりが自分自身を省み吟味する時を持つことになります。

平等を達成するつもりならば、その基礎は今、築かねばなりません。主な改革はスワラージを得たあとにやればよいと考える者は、自分を欺く人です。非暴力でスワラージを建設する最初の段階について、間違った思い込みをしています。スワラージは、ある晴れた朝、突然天から降りてくるようなものではありません。一致団結して各人が努力を一つずつ積み上げていくしかありません。その方向である程度はやってきています。しかし、光り輝くスワラージを目にするには、もっともっと長い道のりを、とぼとぼと歩まねばなりません。経済の平等を実現するためにこれまで自分が何をしてきたか、会議派の一人ひとりが自らに問うべきです。

（『国家建設計画』41年12月13日）

インドが独立国家として世界から羨望の的となるような模範例になるとすれば、清掃員、医師、弁護士、教師、商人その他どんな職業でも、まじめに一日働いて得る賃金は同額になります。インドの社会がこの目標を達成することは決してないかもしれません。しかし、この目標に向かって帆を張って進んでいくのが、すべてのインド人に課せられた義務です。インドが幸せな国になるには、この道しかありません。

（『ハリジャン』47年3月16日）

高官の中に法外な給与を得ている人がいるのは事実です。そして、部下たちにはとても低い賃金しか支払われていません。これは不公平なことです。

弁護士と清掃員の給与は同一であるべきだと私は主張してきました。しかし、弁護士は、大金を稼ぐことができますし、私たちも喜んで支払っています。私もかつては弁護士でした。しかし、その仕事をして儲けていくという考えに嫌悪を感じるようになったので、私は清掃を生業とすることにしました。しかし、長官、弁護士、商人などとして働く能力があって、清掃員の賃金で満足してくれる人がいったいどこにいるでしょうか。仕立屋でも、一日に四〜五ルピーは稼ぐことができます。しかし、清掃員にそれだけの金額を支払ってくれる人がいるでしょうか。今、必要なことは、人の性質を変えていくことです。一人ひとりが気前の良さを培い、自己の利益を拡大するために、他者を破滅に追い込んだりしない人になっていくことが必要なのです。

（47年7月26日のスピーチ）

独身の男が、妻と四人の子を持つ男性と同じだけを要求するなら、経済的平等に反することになります。

ただし、有産階級と一般の人々の間にある目のくらむような差異を正当化しようとはならないでください。王子と貧民の差異を、前者が後者よりも多くを必要とするからと言わないでください。そのようなことを言えば、私の主張を捻じ曲げるために屁理屈をこねていることになります。今日のような金持ちと貧乏人の間にある差異は、心の痛む光景です。

（『ハリジャン』46年3月31日）

平等な分配というのは、実は、各自が本来必要とするだけを手に入れることです。そして、必要以上は決して持たないということです。例えば、ある人は消化の働きが弱くパン用に約百グラムの粉があれば十分ですが、別の人には粉が四百グラム必要だとします。その場合、どちらもがそれぞれの必要を満たしたらよいのです。このような理想を実現するには、社会秩序のすべてを再編しなくてはなりません。非暴力を基盤にした社会においては、これ以外の理想は描けません。目標を達成することは、おそらくできないかもしれません。しかしそれでも、目標を胸に抱いて、目標に近づく努力を絶え間なく続けるべきです。私たちが目標に向かって進んで行くにつれて、その分だけ満足と幸福を見出すことになりますし、それだけ非暴力の社会の実現に貢献できます。

ある個人がこのような生き方を取り入れることに不都合は何もありません。他の人々が始めるのを待つこともありません。そしてある行動規範を守ることが一人にできるのであれば、同じことを数人が集まってすることも問題なくできます。誰でも正しい道を歩むのに、誰か他の人が始めるのを待つ必要は全くないという事実を、私は強調する必要があります。目標を完全には達成できないと思うと、人は始めることを躊躇するものです。実際に進歩を阻む障害物となるのが、このような心の姿勢です。

では、非暴力を通して、どのようにしたら平等な分配を達成できるかを考えてみましょう。まずは、この理想を自分の存在意義の一部とした人が、個人の生活において必要な変更を行います。この人は、インドの貧困に思いをはせて、必要を最小限にまで減らすでしょう。不正なやり方でお金を稼ぐこともしません。投機に走ることもありません。この人の家屋は、新しい生活スタイルにふさわしいものとなります。生活のあらゆる面が節制されます。自分の生活においてできることをすべてやって初めて、その人は自分の仲間や、近所の人にこの理想について語ることができます。

実のところ、平等な分配という考えの根底には、資産家が所有する余分な富は委託された物だとする考えがあるべきです。と言いますのも、受託者制度のもとでは、近所の人よりも一ルピーでも多く所有することなどありえないからです。このような理想をどのようにして実現したらよいでしょうか。非暴力的方法にしますか、それとも、資産家に所有物を手放すように強要しますか。後者の場合は、当然、暴力に訴えるしかありません。

暴力行為を働いたのでは、社会の利益になりません。社会は、貧しくなるでしょう。と言いますのも、どのようにして富を蓄えるかを知っている人々の才能が失われるからです。ですから、非暴力のほうが明らかに優れています。資産家は、富を所有したままで、個人的な必要として筋の通る分については、彼はそれを個人のために用い、残りについては、受託者として社会のために用います。ここでは、受託者が誠実であるという前提になっています。

自分は社会に奉仕する存在だと自覚して初めて、社会のために稼ぎ、それを社会の利益のために用いるようになります。そうなれば、その人の稼ぎは純粋なものになり、その人の事業はアヒンサーを体現するものとなります。さらに、人の心がこのような生活様式に向かえば、社会に平和革命がもたらされます。苦い悲しみを経ずにそれができるのです。

人の性質にこのような変化があったと歴史のどこかに記録されているだろうかと、疑問が生じるかもしれません。変化は、個人単位では確かにありました。社会全体となると、おそらくないでしょう。しかし、それは、これまで非暴力を大規模に実践した経験がないというだけにすぎません。アヒンサーは、もっぱら個人の武器であり、だからそれを活用するのも個人に関わることにとどめるべきだという間違った信仰を、私たちはどういう訳か持つようになりました。ところがこれは事実ではありません。

アヒンサーは、あくまでも社会に関係しています。この真実を人々にわかってもらうために、私は努力もし、試行錯誤をしてきました。驚きに満ちたこの時代に、事柄や考えが新しいから価値がないとは、誰にも言えません。難しいから不可能だと言うのもまた、時代の精神に合わないことです。夢にも考えられなかったことを日々目にしています。不可能が絶えず可能になっています。この頃では暴力の分野でなされる驚くべき発見に、仰天するばかりです。しかし私は、非暴力の分野においてこそ、夢想だにしなかった不可能が可能になる発見がなされると確信しています。宗教の歴史は、そのような例であふれています。

しかしながら、精一杯努力しても、金持ちが本当の意味で貧しい人々の後見人となってくれず、貧しい人々がますます虐げられ、餓死するようなことになれば、どうしたらよいでしょうか。この困難な問題の解決法を探していく中で、非暴力の不服従、市民による非協力ということを思いつきました。これこそ正しい、確実な方法です。金持ちは、社会の貧しい人々の協力がなければ、富を蓄えることができません。人は最初から暴力に馴染みがあります。もともと動物としてそのような力を受け継いでいます。このような四本足（動物の状態）から二本足で歩ける状態（人間）へと進化してやっと、人はアヒンサーがいかに力強いものであるかをその心で知るようになりました。この考えはゆっくりですが、着実に人の中で育っています。これが貧しい人々の間に浸透し、広がっていけば、彼らは力を得て、自分たちを飢餓の縁にまで追い込んでいる不平等から、どうすれば非暴力のやり方で自由になれるかを知るようになります。

（『ハリジャン』40年8月25日）

社会主義者との違い

質問　経済的平等という目標を達成するためにあなたがやろうとしていることは、共産主義者や社会主義者がやろうとしていることと、どのように違うのですか。

ガンディー　社会主義者や共産主義者は、今、経済的平等を達成しようと思ってもなす術がないと言います。彼らは、それを目指した宣伝活動をしているだけです。そして平等を達成するには、憎しみを生み、強化していくことが必要だと彼らは信じています。彼らはこう言うのです。「国家を掌握したら、平等を強制する」と。私の計画では、国家は人民の意思を実行するために存在します。人々に指図をしたり、国家の意思を人々に強制したりするためではありません。私は、非暴力を通じて経済的平等を達成したいと考えます。つまり、憎しみに対抗するものとして非暴力の力を利用し、人々の考え方を私のような考え方に変えていくことを通してです。

社会全体が私のような考えに変わっていくまで待つつもりはありません。自分一人でも、直ちに第一歩を踏み出すつもりです。言うまでもないことですが、私が自動車を五十台持っていたり、二・五ヘクタールほどの土地を所有したりしていたのでは、私が考えるような経済的平等を達成することは、望みようもありません。このような事柄については、私は貧しい人々の中でも最も貧しい人の生活レベルにまで、自分の暮らしを簡素にする必要があります。これこそ、過去五十年余り私が努力してきたことです。私こそ、共産主義者の中の共産主義者と自認しています。お金持ちが提供してくださる自動車やその他の便宜を利用していてもです。私がそれらの虜になっているわけではありません。一般の人々の利益のために必要であれば、すぐさま私はそれらを手放すことができます。

質問　貧しい人々に対する富裕者の義務に、裕福な人々が気づくようにしていくために、サティヤーグラハをどのように活用できるでしょうか。

ガンディー　外国の勢力に対するのと同じです。サティヤーグラハは、普遍性をもった法則です。家族から始まって、あらゆる局面に応用できます。たとえば、地主が小作人を搾取し、彼らの労働の果実を盗みとって、地主の物として使ってしまうとしましょう。小作人らがこの地主に抗議すると、地主は耳を傾けることなく、妻にこれだけ、子どもたちにこれだけの額が必要だなどと反論するでしょう。でも、小作人は絶対に屈服しません。屈服を求められたら、辞めるでしょう。そして、次のことをはっきりさせます。つまり、土地はそれを耕す人の物だということです。地主が自分ですべての土地を耕すことはできません。ですから、小作人たちの正当な要求には従うしかありません。しかしながら、別の小作人を雇ってしまうこともあるでしょう。その場合は、暴力以外の闘争を行い、新しく雇われた小作人が自分たちの誤りに気づき、解雇された小作人と連携するようになるまで続けます。このように、サティヤーグラハは、世論を指導するプロセスです。ですから、社会のあらゆる要素を含み、最後には圧倒的力となります。暴力は、社会構造全体を本当の意味で変革していくプロセスを邪魔し、長引かせてしまいます。

（『ハリジャン』46年3月31日）

その土地を耕す人だけが、土地の正式な所有者です。今日の地主は、受託者となった場合にだけ、その土地を所有する道徳的権利を有することになります。自らの資産を、自分の欲望を満たす単なる手段と考えるような地主は、土地を所有しているのではなく、土地の奴隷になっています。

自分の資産を委託された物として所有している地主は、それを子どもたちに遺産として譲り渡すことはしません。ただし、今度は子どもたちが受託者となり、その通りに実行する場合は、この限りではありません。子どもたちに受託者となる用意ができていなければ、その地主は資産を委託物とすることになります。五体満足の若者が自ら稼いだわけではない収入に寄生して暮らすことは道徳的な堕落を招きます。父親は労働を尊ぶことを子どもたちに繰り返し教えねばなりません。まじめに働いて自らのパンを得ていくことを教えていくべきです。

私は大勢の裕福な人々とも個人的に親しくさせていただいていますが、受託者制度を支持する世論が形成され、恨みや階級への憎しみがなくなれば、彼らは受託者になっていくと、私は思っています。

（『ハリジャン』46年3月31日）

労働こそ生きた資本

労働者がいなければ資本家は全く何もできません。資本が一片の金属に宿るとする考えは間違っています。さらには、生産額を資本とする考え方すらも間違っています。根源までさかのぼるなら、資本となるのは労働であり、この生きた資本は、経済面からいえば減るということがありません。無尽蔵です。

資本家が拳銃や毒ガスを自由に使えたとしても、少しも問題ではありません。労働者が「ノー」という言葉を十分に活用して、自らの尊厳を宣言すれば、資本家は全く手も足も出せません。労働者は報復することなく、毅然として立ち、弾丸や毒ガスを身に受けながらも、それでもなお「ノー」を貫くのです。

労働者がいつも負けてしまうのは全く次のようなわけです。つまり、私の提案に従って資本家という存在そのものを無効にする代わりに、労働者（私も労働者の一人ですが）が資本を手に入れ、自らが最もたちの悪い資本家になろうとするからです。そのため、厳重に守りを固め団結している資本家は、労働者の中からも同じ任務につく候補者を見つけてきて、そういう人たちを使って労働者を弾圧します。私たちを眠らせるこの魔力に支配されなければ、私たちは誰でも、男性でも女性でも、この根底に横たわる真理にたやすく気づけるはずです。私は人生のいろいろな局面で素晴らしい成功を成し遂げてきましたので、権威を持って語らせていただいています。

私がこの計画を皆さんに示したのは、超人的なこととしてではなく、男性でも女性でも、すべての労働者に可能なこととしてでした。私は労働者に兵士の勇気を見習ってもらいたいのです。ただし、殺戮を犯すような兵士の残虐さは見習わないでください。武器を持つことさえなく死と向き合う労働者は、頭からつま先まで武具で身を固めた者よりも、はるかに気高い勇気を示すことになるのです。

他人の命を救うために、自らの命を捧げる覚悟をした瞬間、すべては単純で簡単になります。非暴力は、厳しいものです。弱者の武器として考えられたのではありません。強靱な心を持つ人だけが自分のものにできます。自分の命を失う覚悟がなければ、自分を救うことはできません。（『聖書』マルコ8章35節、ルカ9章24節参照）

（31年12月10日のスピーチ）

究極的には、紙に書いた法律や勇ましい言葉や火を吐くような熱弁ではなく、非暴力の組織の力、修練や犠牲こそが、不正や抑圧に人々が対抗するうえでの、本物のとりでとなります。

（『ザ・ヒンドゥー』45年1月23日）

労働者は、無知なままでいようとするから、へつらうようになったり、あるいは傲慢にも資本家の商品や機械を破壊したり、資本家本人を殺したりすることが必要だと思いこんでしまうのです。私は、自分のことを労働者、清掃員だと考えています。ですから、労働者と同じ利害関係を持っています。私は労働者の皆さんに、暴力によっては救われないことを伝えたいと思ってきました。そんなことをすれば黄金の卵を生むガチョウを殺すことになります。私が何年間も語ってきたことは、労働は、資本よりも遥かに優れたものだということです。労働者がいなければ、金、銀、銅はすべて不要な重荷となるだけです。大地から貴重な鉱石を掘り出せるのも、労働者がいてこそです。労働者は貴金属がなくても生きていけます。金ではなく労働こそが、価値あるものです。

私は資本家と労働者が手をつなぐことを願っています。両者が協力しあうことで、奇跡が起きます。しかしそれは、労働者が賢くなって、労働者相互の協力関係が築かれ、そして資本家とも対等の立場で協力し合えるようになって、初めてできることです。資本家は連携することを知っているので、労働者を支配することができるのです。ばらばらの水滴であれば、消えていくしかありません。しかし、協力関係にある水滴なら、大海原となって、その広い海面で高速船を運ぶことさえします。

同様に、世界のどの地域でも労働者が一体となるなら、彼らはもはや、より高い給与に誘惑されることも、絶望的になって、わずかな賃金を甘んじて受け取ることもしないでしょう。労働者が非暴力に則って真に団結するなら、必要とされる資金は、磁石に引き寄せられるように集まってきます。そうなれば、資本家は受託者としてのみ存在することになります。このような幸福な夜明けがやってくれば、資本家と労働者の区別はなくなります。労働者も十分な食料、立派で清潔な住まいを確保し、子どもたちも必要な教育を受けられるようになりますし、適切な医療も受けられるようになります。労働者自身が学ぶための余暇も十分に持てるようになります。

（『ハリジャン』47年9月7日）

資本家が自発的に資本家としての役回りを放棄して、あらゆる労働に従事するようになるなら、階級闘争は終わりを告げます。あるいは、労働こそが本物の資本であると気づいてもよいでしょう。実際、資本を作り出すのは労働です。労働者の二本の手が生み出すものを、資本家は彼らのすべての金銀を使っても、手に入れることは決してできません。金を食べて生きていける人がいるでしょうか。しかし、労働者には自らの力に気づいてもらう必要があります。労働者は片手に真理を掲げ、もう片方の手に非暴力を掲げねばなりません。そうすれば、無敵です。

労働者と資本家、上流階級と一般大衆という階級は、太古から存在します。あらゆる問題は、労働者も労働運動の指導者も、労働の尊厳やその力を知らないがために、生じています。足の不自由な人が、盲人の道案内をしているようなものです。(訳注『聖書』マタイ15章14節には、「盲人の道案内をする盲人」という記述がある)

私は勾留中に、光栄なことにカール・マルクスの『資本論』を読む機会に恵まれました。彼の勤勉さと眼識を私は高く評価しています。しかし、私には彼の結論が正しいとは思えないのです。私は暴力を信じていません。暴力は非暴力の先触れにはなれません。世界の思想は変動し、カール・マルクスは時代遅れになりつつあります。しかし、だからといって、あの偉大な人の労作の価値が損なわれるわけではありません。

最後に申しあげたいのは、スワラージを得るための非協力・不服従は、相応の建設的な努力を抜きにして考えてはならないということです。建設的な努力がなければ、非協力も不服従も、魂がない体となり、死んだも同然です。

(46年1月2日の討議)

人民の力

　大規模に市民的不服従を実践する前に、人々は、市民的、つまり自発的な従順の訓練を受けるべきです。私たちは今政府に従っていますが、それは政府を恐れているからです。そして、恐れに対する反応に、暴力や、その同類である臆病などがあります。しかし、カディーを通して私たちは、自分たちが立ち上げた組織に市民として従うように人々を訓練してきました。彼らがその技を身につけて初めて、不服従を成功させることができ、障害物を非暴力の方法で消し去ることができるのです。だから私は、いろいろなことに手を出して闘う力を消耗させないようにと、すべての労働者に忠告します。そして、心穏やかにカディーの仕事に集中してほしいのです。それが人々を教育して、非暴力による非協力運動を実践して成功させる条件を整えることになります。

　自らが搾取されていると、ピケを張って外国の布をボイコットする運動が、暴動へと発展しがちです。他方、カディーを着用することは、もっとも自然なことであり、完全な非暴力です。

愛と排他的所有とは、決して手を携えることができません。理論上は、完全な愛が存在するときに、所有ということが完全になくなるはずです。肉体は、私たちの最後に残された所有物です。ですから完全な愛を実行し、完全に所有物を手放すのは、死を受容し、人に奉仕するために肉体を捨てる覚悟ができてはじめて可能になります。しかし、これが当てはまるのは理論の上だけです。実際の生活では、完全な愛を実行することはまずできません。なぜなら、所有物として肉体がいつも私たちとともにあるからです。人というものは常に不完全です。完全になろうと努力するのが人の常です。完全な愛や完全な非所有というのは、私たちが生きている限り、到底実現できない理想でしかありません。しかしその理想に向かって、私たちは常に努力をしていくべきです。

現在お金を所有している人には、貧しい人々の代理に富を所有している受託者として行動して欲しいと思います。受託者制度は法律上の仮説にすぎないと言われるかもしれません。しかし、それについてじっくりと考え、絶えず実践に努めるなら、この地上の生活は、今よりもはるかに愛で満ちることでしょう。完璧な受託者制度は、ユークリッドの点の定義と同様に抽象的概念にすぎませんし、実際には不可能です。しかしそれに向けて努力するなら、この世界で平等を実現するのにこれより優れた方法はありません。

質問　私的所有と非暴力は両立できないとお考えなのに、なぜ、私的所有を容認されるのですか？

ガンディー　自分が稼いだお金を人類の利益のために使用しようと、自発的には決して思ってくれない人への、これは譲歩です。

質問　なぜ、私有の代わりに国有の制度を採用して、暴力を最小限に抑えようとはなさらないのですか。

ガンディー　国有のほうが良い面もあります。しかし、それでも、暴力という観点に立てば反対するしかありません。私は確信しているのですが、もし国家が力づくで資本主義を抑え込むならば、その暴力に由来する悪それ自体に捕らえられ、非暴力を推進できなくなります。国家は武力を組織的に一手に握っています。個人は心を持っていますが、国家は心のない機械であり、その国家が暴力を存在基盤にしている以上、暴力から離れていくことはありません。そこで、私は受託者制度のほうが好ましいと思っています。

私が個人的に望んでいるのは、国家の手に権力が集中することではなく、受託者制度という考えが広まることです。私は、私的所有による暴力は、国家の暴力ほどはひどくないと考えています。しかし、避けられないことであるならば、最小限の国有は支持します。

人は習慣に流されて生きるものですが、それでも自分の意志を働かせて生きたほうがよいです。私はまた、人というのは、搾取が最小ですむように意志の働きを高めていくことができるとも信じています。私は国家の力が増大していくのを強い恐れを抱いて眺めています。搾取を最少にとどめようと、表面上は良いことを行っているようでありながら、国家はすべての進歩の土台にある個を破壊することで、人類に非常に大きな害を与えているからです。

個々人が受託者制度を受け入れた例はとてもたくさん存在しますが、国家が本当の意味で貧しい人々のために尽くしている例は一つもありません。

（『ザ・ヒンドゥスタン・タイムズ』35年10月17日）

受託者制度が、階級闘争に対する私の答えです。

争いをなくすには、私的所有をなくすだけでは十分ではありません。さらに多くが求められます。私たち自身の心から、所有欲、強欲、情欲、利己主義な思いを拭い去らねばなりません。社会から戦争をなくすには、私たち自身の内面での戦いが必要なのです。

（42年8月9日の対話）

今日、受託者制度を達成する民主的な方法は、ただ一つです。それに賛同する世論を作ることです。

質問　有産階級の改心を待たねばならないのでしょうか。もし、社会的改革をゆっくりとした段階的なプロセスにしてしまうと、過去との決別から生まれる革命への熱意に水を差すことになります。だから、マルクス主義者たちは、本物の社会的革命は、プロレタリアの独裁によってしか達成できないと主張しているのです。

ガンディー　おそらく、あなたはロシアの例を思い描いていらっしゃるのでしょう。有産階級の人々から強制的に全財産を没収し、その資産を人民に分配することで、非常に大きな革命的熱情を引き起こしました。しかし、私はあえて申し上げますが、私たちの方法こそ、さらに大きな革命となるでしょう。有産階級の人々が持つ商売の才能やノウハウを私たちは過小評価してはなりません。彼らは、何世代にもわたって経験を積み、その分野の専門家となることで、そのような能力を獲得してきました。私の計画では、その能力を自由に活用して、民衆が利益を得ることになります。私たちに権力がない間は、改心を迫ることを武器とするしかありません。しかしいったん私たちが力を得たあとであれば、改心は私たちが好んで用いる武器となります。改心は法制化よりも先に来るべきです。改心なしに法律を作ってみたところで、それは、死文に過ぎません。一例を挙げるなら、今日私たちは、衛生について規則を強制する権限がありますが、民衆のほうで用意ができていないために、私たちは何もすることができないでいます。

質問　あなたは改心が改革に先立つとおっしゃられました。誰の改心でしょうか。もし、人民の改心ということであれば、彼らはすでにその用意が整っています。他方、有産階級の改心ということであれば、それは絶対来ない日の到来を待っているようなものです。

ガンディー　私は両者の改心を言っています。いいですか、もし有産階級の人々が受託者制度を自発的に受け入れないのであれば、世論の圧力で彼らを改心させねばなりません。そのような世論は、まだ十分に整っていません。

質問　非暴力のやり方で、権力を手に入れることが可能でしょうか。

ガンディー　非暴力はまさにその性質において、権力を「獲得」できないのです。さらに、それを目標としてもいません。非暴力には、それ以上のことができます。つまり、政治機構を手中に収めずとも、権力を支配下に置き、効果的に導くことができるのです。そこに、非暴力の美しさがあります。もちろん、例外もありますが、もし、人民による非暴力の非協力が完璧で行政が機能停止に陥るなら、あるいは、行政機関が外国からの侵略の影響を受けて崩壊し、空白状態という結果に陥るなら、人民の代表者が進み出て、その空白状態を埋めるでしょう。理論的には、そのようなことは可能です。ただし、非常な自己鍛錬、自己否定、苦行を積む必要があります。非暴力のもとでは、重い犠牲を払う覚悟を人々が持たねばなりません。なぜなら、目標とされている良いことは、より高いところにあるからです。「救いに至る近道はない」のです。

質問　それでは、非暴力の国家リーダーとなれるのは、イエスやモハメッドやお釈迦様のような人だけとなりませんか。

ガンディー　そうとは限りません。預言者や超人は、ある時代にごくたまにしか誕生しませんが、もし一人がアヒンサーの理想を完全に理解するなら、その人は社会全体を贖うことができます。イエスがたった一度の先導的見本を示したがために、彼の十二人の弟子たちは、彼がいなくてもイエスの布教活動を引き継ぐことができました。何世代にも渡って科学者が根気よく探求し、天才的なひらめきもあって電気の法則を発見することができました。しかし、今では誰もが、子どもでさえも、日常生活で電気を利用できます。同様に、いったん理想的国家が実現できたなら、それを取り仕切るのに完璧な人間が常に必要なわけではありません。必要なのは、まず何よりも社会が根底から目覚めることです。そうすればあとのものはついてきます。

もっと身近な例を挙げてみましょう。私は労働者階級の人々に、本物の資本は銀や金ではなく、彼らの手足を使った労働であり、彼らの知的能力であるという真理を伝えてきました。いったん労働者がそれに気づき、深めていくなら、私という人間が存在しなくても彼らを解放する力を彼らは活用できるでしょう。

（42年12月13日の対話）

権力は立法府を通してしか得られないという考えに、私たちは長い間慣らされてしまっています。このように信じることは、惰性あるいは催眠状態におかれていることから生じた大変な誤りであると私は考えます。英国の歴史を表面的に学ぶだけでしたので、議会が権力を一手に握り、人民にはそれが小出しに分け与えられているに過ぎないと、私たちは思ってしまいました。ところが権力は人民の側にあります。これが真実です。人民は代表として選んだ人々にしばらくの間その権力を預けているに過ぎません。議会は人民と離れては、権力を持ちえません。それどころか存在することすらできません。過去二十一年間、私はこの単純な真理を人々に伝えようと努めてまいりました。

市民が非協力を貫けば、これは権力の宝庫です。立法府が制定した法律に従うことを皆が拒み、その結果を甘んじて受け入れる覚悟を皆が持っていればどうなるか、想像してみてください。立法、行政の全機関が機能停止に陥ることでしょう。警察や軍事力は少数派を屈伏させるのには役に立つでしょう。どんなに強くても少数派なら負けてしまうかもしれません。それでも、どんな警察、軍隊といえども、どこまでも犠牲を覚悟の上である一人の人間の断固たる意志を曲げさせることはできません。

（『国家建設計画』41年12月13日）

出典
"The Collected Works of Mahatma Gandhi"
http://www.gandhiserve.org/e/cwmg/cwmg.htm

M・K・ガンディー（1869～1948）

インド独立の父。糸紡ぎを日課とし、手工業の復活を唱える。単なる政治的独立だけではなく、すべての人に仕事と必需品が行き渡る社会を目指した。ただの一人も排除されない社会こそ、非暴力の社会であるとして、そのための手段となる糸車を非暴力の象徴と見ていた。

片山佳代子

1993～94年に夫の海外赴任に同行して、インドで暮らす。その時にガンディーの糸紡ぎの思想に出会い、以後ガンディーの思想を伝えることをライフワークにする。ガンディーの著書を翻訳するとともに、糸紡ぎのワークショップを開催している。著訳書『ガンジーの教育論』『ガンジー・自立の思想』（地湧社）『非暴力平和糸車』（ブイツーソリューション）

http://gandhi-spinning.jimdo.com/

http://mkgandhi.cocolog-nifty.com/blog/

ガンディーの遺言
村単位の自給自足を目指して

二〇一七年三月十日　初版第一刷発行

著　者　M・K・ガンディー
翻訳編集　片山佳代子
発行者　谷村勇輔
発行所　ブイツーソリューション
〒四六六-〇八四八
名古屋市昭和区長戸町四-四〇
電話　〇五二-七九九-七三九一
FAX　〇五二-七九九-七九八四

発売元　星雲社
〒一一二-〇〇〇五
東京都文京区水道一-三-三〇
電話　〇三-三八六八-三二七五
FAX　〇三-三八六八-六五八八

印刷所　藤原印刷

万一、落丁乱丁のある場合は送料当社負担でお取替えいたします。ブイツーソリューション宛にお送りください。

ISBN978-4-434-22859-9